18.95$

CES FEMMES QUI N'EN
VEULENT PAS

Marlène Carmel

CES FEMMES QUI N'EN VEULENT PAS

VEULENT PAS

Enquête sur la non-maternité
volontaire au Québec

ÉDITIONS SAINT-MARTIN

Données de catalogage avant publication (Canada)

Carmel, Marlène

   Ces femmes qui n'en veulent pas

   ISBN 2-89035-137-8

   1. Stérilité volontaire. 2. Femmes - Psychologie.
I. Demczuk, Irène. II. Titre.

HQ755.8.C37 1988   306.8   C88-096501-0

Maquette de la couverture : Stéphane Olivier

Dépôt légal : Bibliothèque nationale du Québec. 1er trimestre 1990.

Imprimé au Canada.

Notre catalogue vous sera expédié sur demande :
Les Éditions Saint-Martin
4316, boul. St-Laurent, bureau 300
Montréal (Québec) H2W 1Z3
(514) 845-1695

AVANT-PROPOS

À quinze ans, je prévoyais comme la plupart des filles de mon âge avoir deux ou trois enfants, mais pas dans n'importe quelles conditions, ni à n'importe quel prix. Avant de constituer une famille, j'avais l'intention d'acquérir une formation professionnelle de niveau universitaire afin d'assurer mon autonomie financière. Dix ans plus tard, un doute m'envahissait: est-ce que je désirais réellement des enfants? Cherchant à comprendre mes hésitations face à la maternité, j'ai voulu savoir s'il y avait d'autres femmes qui, comme moi, s'interrogeaient sur leur désir ou choisissaient de ne pas avoir d'enfant.

En discutant avec des amies non-mères de mon entourage, j'ai été très étonnée de voir combien il leur était difficile d'aborder le sujet. Elles n'avaient jamais vraiment remis en question l'idée qu'elles auraient un jour, comme tout le monde, des enfants. Leur non-maternité n'était que temporaire, elles attendaient tout simplement que certaines conditions soient réunies: stabilité de la relation amoureuse, conjoint ayant le goût de s'impliquer dans une relation parentale, la fin des études ou l'amélioration de leur situation financière.

Mes discussions ne m'ayant pas apporté de réponses satisfaisantes, j'ai décidé de lire sur le sujet. À ma grande surprise, les rayons des librairies et des bibliothèques consultées à ce moment-là (en 1984), étalaient de nombreux ouvrages sur la maternité, mais un seul livre parlait spécifiquement de la non-maternité[1]. Après plusieurs démarches, j'ai finalement trouvé quelques autres témoignages de femmes sans enfant, parus dans des revues[2] ou dans des livres francophones traitant du désir d'enfant[3].

Désirant vérifier si cette question faisait partie des préoccupations du milieu anglophone, j'ai poursuivi mes recherches. Il semble qu'au Canada anglais et aux États-Unis l'intérêt pour cette problématique se soit manifesté plus tôt; toutefois, peu de publications sont accessibles au grand public[4]. La majorité des écrits ne sont que des comptes rendus de recherches publiés dans des revues scientifiques[5]. J'étais perplexe: pourquoi parlait-on si peu de la non-maternité volontaire au Québec?

Déplorant le manque de données sur ces femmes au Québec, j'ai donc décidé de faire une étude sur cette réalité dans le cadre de mon mémoire de maîtrise. Mais où pouvais-je trouver des femmes qui accepteraient d'en parler? J'ai fait paraître une annonce dans une vingtaine de revues[6]; la réponse a comblé amplement mes attentes, puisque 485 questionnaires ont été envoyés à la demande de femmes sans enfant, et 86 % d'entre elles les ont retournés dûment complétés. Ces Québécoises francophones ressentaient de toute évidence un pressant besoin de s'exprimer; elles ont d'ailleurs clairement manifesté, dans leurs témoignages, le manque d'espace social pour exprimer, sans être jugées, leur choix de non-maternité.

Que ce soit clair d'entrée de jeu: le but visé, en procédant à cette enquête, n'était pas de chercher à cerner les causes de la non-maternité pour en arriver à proposer des solutions à la dénatalité. Ce qui m'animait, au contraire, c'était le désir de mettre à jour les éléments essentiels du processus conduisant à une telle décision: hésitations, motifs, pressions sociales sur ces femmes, etc. J'ai découvert des femmes souvent tiraillées, mais toujours équilibrées et déterminées, et c'est l'histoire de leur cheminement que je me propose de vous faire partager.

Cet ouvrage présente les résultats de cette enquête, réalisée au printemps de 1986. Il est l'aboutissement du souhait, maintes fois réitéré par les répondantes, de voir la question de la non-maternité volontaire abordée sur la place publique. Il est grand temps, selon elles, que l'on présente la non-maternité comme étant une option légitime, que la décision de la non-maternité ne soit plus considérée comme un phénomène anormal et déviant, et que les non-mères volontaires ne soient plus perçues comme des femmes égoïstes, irresponsables ou immatures.

J'ai cherché à connaître qui étaient ces femmes au Québec, comment elles parvenaient à leur décision et quelles étaient les raisons invoquées pour l'expliquer. Les données présentées ici proviennent de l'analyse de 391 questionnaires dûment remplis[7]. Bien que cette recherche s'appuie sur une démarche essentiellement quantitative, les répondantes ont exprimé spontanément de nombreux commentaires et j'ai pu ainsi illustrer et approfondir les données.

Pour participer à l'enquête, les femmes devaient être sans enfant volontairement, c'est-à-dire ne pas avoir d'enfant, ne pas en avoir eu et ne pas en désirer. Les femmes, ne pouvant avoir d'enfant dû à un problème d'infertilité, ont été exclues.

Nos répondantes présentent un profil diversifié en terme de lieu de résidence, d'âge, de statut civil, d'orientation socio-sexuelle[8], de scolarisation et d'occupation professionnelle. Leur degré d'engagement face à la décision de non-maternité est également varié: certaines ayant pris une décision définitive, d'autres étant encore en plein cheminement, ce qui laisse place à une réévaluation possible de leur situation.

La méthodologie retenue ne permet pas une généralisation des résultats à l'ensemble de la population québécoise. Les répondantes ne constituent pas un échantillon représentatif au sens scientifique du terme. Toutefois, nous croyons que les données offrent, à tout le moins, un portrait assez réaliste des femmes qui n'ont pas d'enfant et qui n'en désirent pas.

À une époque où le discours sur «l'enfant à tout prix»

prend une nouvelle direction, par le biais notamment des récentes technologies de reproduction et de l'inquiétude face à la dénatalité du peuple québécois francophone, j'espère que cet ouvrage contribuera à élargir le débat social afin qu'une réflexion s'amorce sur le droit des femmes de contrôler leur corps, de refuser la maternité et de se définir autrement que comme mères. Je souhaite également que ce droit puisse être reconnu et ne fasse plus l'objet de condamnations moralisatrices obligeant les non-mères volontaires à se répandre en justifications, pire en excuses.

Je tiens à remercier toutes les femmes qui ont accepté de répondre à mon enquête. Leur participation empressée m'a aidée à mieux comprendre la pertinence et l'intérêt d'un tel sujet.

J'aimerais aussi remercier toutes les personnes qui ont contribué de près ou de loin à la réalisation de ce projet, soit en discutant certains aspects pertinents, soit en me procurant des textes susceptibles d'alimenter ma réflexion, ou alors en commentant mes écrits. J'ai une dette aussi envers mes amies et mes co-locataires qui ont compris et respecté mon besoin de solitude.

Notes

1.   E. Vallée, *Pas d'enfant dit-elle*, Paris, Éditions Tierce, 1981. Ce livre est un compte rendu de 30 entrevues effectuées auprès de non-mères françaises. L'auteure pose un regard psychanalytique en ce qui à trait aux raisons évoquées par ces femmes.

2.   (1) L'article, paru dans *Châtelaine* en octobre 1974, est l'adaptation française par Catherine Lord, d'un article de la journaliste canadienne Buxton (1974). (2) «D'une mère à l'autre», court dossier dans la revue *La vie en Rose*. Quelques femmes y parlaient des motifs entourant leur décision d'avoir ou de ne pas avoir d'enfant (Guénette, 1982).

3.   Ces deux livres traitent du désir ou non d'enfant en France. (1) «Corinne: l'instinct non maternel» est une entrevue effectuée auprès d'une femme qui ne désire pas d'enfant (Dana, 1979, p. 181-197). (2) Dans «Un enfant? Non», l'auteure présente les raisons du non-désir d'enfant de quelques femmes (Valabrègue, 1978, p. 119-146).

4.   Parmi celles-ci on peut noter: Faux (1984) journaliste américaine qui s'est intéressée au choix de la non-maternité, dans les années 80; Veevers (1980) sociologue canadienne qui a étudié, dès le début des années 70, les couples mariés de la région de Toronto qui avaient choisi de ne pas avoir d'enfant. Elle a d'ailleurs publié un livre sur ce phénomène.

5.   Voir les articles de Veevers (1979 et 1983) et de Houseknecht (1987) pour un compte rendu de cette littérature.

6.   Parmi les 22 revues qui ont accepté de publier gratuitement une annonce (*Fermières*, *La Vie en Rose*, *Cegepropos*, *Réseau*, *Le Temps de vivre*, etc.), 7 étaient des périodiques féministes et 2 des revues ou bulletins lesbiens.

7.   Un certain nombre de questionnaires ont été rejetés pour diverses raisons méthodologiques.

8.   On parle ici d'orientation socio-sexuelle afin de souligner le fait qu'être lesbienne est plus qu'une question de préférence sexuelle. Il suppose aussi un style de vie, c'est-à-dire vivre entre femmes.

LES FEMMES SANS ENFANT AU QUÉBEC

Le déclin démographique des dernières années préoccupe beaucoup les Québécois, et tout particulièrement les experts et le gouvernement[1]. On a d'abord attiré l'attention sur le troisième enfant plutôt rare actuellement, comme étant un facteur de dénatalité. Par la suite, on a constaté une augmentation du nombre de femmes en âge de procréer qui n'avaient pas encore eu d'enfant, suscitant alors de nombreuses hypothèses sur les causes de ce retard. Et finalement, des mesures incitatives (politique familiale ou politique nataliste[2]) ont été proposées afin de corriger cette situation[3].

Au Québec, même s'il est couramment admis qu'on ne doive forcer aucune femme à avoir des enfants, on discute rarement du choix d'en avoir ou non. Si le droit des femmes à disposer librement de leur capacité de reproduction reste un sujet très controversé, il se cantonne surtout aux discussions sur le droit ou non à l'avortement. Même si les femmes ont maintenant accès à d'autres rôles qu'à ceux d'épouses et mères, elles sont encore largement perçues comme étant d'abord des reproductrices. Cette vision du rôle traditionnel des femmes est par ailleurs renforcée par le discours nataliste actuel axé sur la «peur de disparaître».

Donner la parole à des femmes qui ont choisi, en dépit d'un contexte de dénatalité, de ne pas faire d'enfant, pourra paraître indécent à certaines personnes. Mais pour ces femmes, particulièrement celles qui sont ambivalentes face à la maternité, le fait d'aborder un tel sujet est primordial actuellement, les incitations en ce sens étant de plus en plus fortes[4].

LES RECHERCHES QUÉBÉCOISES

Au Québec, on compte très peu de recherches sur les femmes sans enfant volontairement. À ma connaissance, deux enquêtes seulement portent sur ce sujet et aucune d'elles n'a été publiée. Aubert (1987) a exploré certaines dimensions du vécu de 19 non-mères. La décision de ces femmes est fortement liée aux conditions sociales de la maternité. Dans l'ensemble, elles perçoivent celle-ci comme contraignante et estiment que leur choix leur permet une plus grande liberté et une plus grande autonomie tant personnelle que financière.

Dallaire, Gagné et Tondreau (1986) ont interrogé 15 femmes sans enfant, afin de vérifier si celles-ci subissaient encore ou non des pressions à la maternité. Les données recueillies indiquent que, même si les pressions sociales ne sont pas toujours directes et tangibles, il n'en demeure pas moins qu'elles existent et qu'elles sont perçues par ces femmes. Elles s'exercent principalement à partir du milieu familial ou conjugal, tandis que les amis, surtout ceux et celles qui n'ont pas d'enfant, sont les plus compréhensifs.

LES NON-MÈRES DANS L'HISTOIRE DU QUÉBEC

Qui n'a pas dans son entourage une vieille tante, une cousine ou même une voisine d'un certain âge, célibataire et travailleuse salariée ou encore religieuse, n'ayant pas connu la maternité?

Masquées par les images héroïques d'épouses et de mères, sans visibilité ni reconnaissance en tant que sujets historiques, ces femmes demeurent dans l'ombre de notre mémoire collective. Je tenterai ici, en m'appuyant sur quelques fragments d'histoire de dépoussiérer quelque peu l'existence cachée de ces femmes.

Une brève incursion dans notre histoire nous révèle que la non-maternité n'est pas, comme nous serions tentés de le croire, un phénomène récent. En fait, il y a toujours eu des femmes sans enfant, volontairement ou non.

Aux 17e et 18e siècle, en Nouvelle-France, à cause de la stratégie de colonisation et de peuplement mise en œuvre, le célibat et la vocation religieuse sont rarissimes. La valeur d'une femme se mesure à cette époque, au nombre de grossesses portées à terme. Aussi, les femmes sans enfant y seront-elles perçues comme improductives.

Une proportion plus grande de femmes pourra, dans les siècles suivants, se dégager de la reproduction. Toutefois, l'être féminin se définissait, d'abord et avant tout, par son anatomie et était lié à une fonction spécifique, la reproduction. C'est pourquoi le discours dominant exaltait le plus souvent au nom de la survie de la «race canadienne-française», l'image de la Québécoise-mère-de-famille-nombreuse-et-heureuse-de-l'être[5].

Les élites de l'époque avaient donc tout intérêt à encadrer la maternité dans un lieu précis, le mariage, et à marginaliser celles qui ne se conformaient pas à la norme, tout en montrant les dangers réels ou imaginaires qui guettaient les insoumises. Ils limitaient ainsi au minimum les tentatives de déviance.

Nous connaissons la prégnance au Québec des discours de l'Église et de l'État sur la maternité-devoir, discours qui se mariaient fort bien à celui de la nature féminine, de l'amour maternel ainsi qu'aux prescriptions des experts médicaux qui connurent un essor dès le début du 20e siècle.

«Pour l'Église, la maternité est plus qu'une fonction naturelle, un devoir, assumé, c'est aussi une mission qui légitime l'union du couple. Le but de la vie commune d'un couple étant la reproduction, rien ne doit l'entraver et tout doit tendre à la favoriser. (...) Le clergé ira jusqu'à prendre appui sur la science médicale, comme si les arguments religieux avaient besoin d'être étayés par des preuves matérielles. Prêtres et médecins s'épaulent dans leurs exhortations natalistes. (...) La plénitude passe par la maternité. Cet épanouissement de la femme deviendra plus qu'un objectif individuel, il servira à la réalisation d'une destinée collective et jouera un rôle primordial dans les visées nationalistes de l'époque. (...) Il faut accroître le nombre et garder l'homogénéité «raciale et religieuse de la société.» (Lévesque, 1989, pp. 30-31 et 32)

De sorte que, de l'entre-deux-guerre jusqu'à la Révolution tranquille, l'éducation des filles sera particulièrement centrée sur leur préparation aux rôles d'épouses et de mères. L'enseignement ménager prendra une place prépondérante dans les programmes scolaires destinés aux filles. En fait, grâce à l'éducation ménagère, on vise à maintenir les femmes à la maison tout en les amenant à concevoir le travail domestique comme une profession: elle sera ménagère, laissant ainsi la vie publique aux hommes.

Jusqu'aux années 60, on admettra tout au plus qu'une femme puisse sacrifier sa fonction de reproductrice pour une maternité spirituelle et les femmes seront cantonnées à des tâches et des fonctions relevant de leur présumée «nature». De sorte que les femmes ne contribuant pas directement au renouvellement de l'espèce seront quand même affectées au travail domestique et maternant[6].

Célibats laïque et consacré

Hier plus qu'aujourd'hui, il était difficile pour les femmes de se soustraire à la reproduction. Les modes de vie permettant d'actualiser une décision de non-maternité ont longtemps été restreints au célibat et à la vie religieuse. Cependant, cela ne signifie pas pour autant que toutes les célibataires et les congréganistes aient opté pour ces modes de vie afin d'éviter la maternité. Aucun des documents consultés n'abordait cet aspect spécifique.

Dans un contexte où être mère était plus que jamais associé à un synonyme d'épanouissement, il était sans doute impossible aux femmes d'exprimer leur intention contraire. Mais qui sait ce qui se tramait dans leur conscience? Quelles étaient leurs réflexions sur la maternité? Avaient-elles opté pour le célibat afin d'échapper à ce destin ou pour d'autres considérations, et notamment pour les quelques opportunités que ces styles de vie offraient?

Comparativement à l'épouse-mère, le statut de célibataire n'était pas valorisé, particulièrement dans les milieux moins aisés (Bélisle et Pinard, p. 102). L'épithète de «vieille fille» et l'image stéréotypée de la célibataire désespérément en quête d'un mari, illustrent bien qu'on ne les considérait pas comme des femmes accomplies. En fait, tout en reconnaissant que le travail ménager fourni ainsi était essentiel, spécialement dans les familles nombreuses, la célibataire demeurait malgré tout davantage plainte qu'enviée. Ce qui ne veut pas dire que les mères avaient nécessairement des conditions plus avantageuses ou enviables, mais elles bénéficiaient à tout le moins de l'approbation sociale.

Pour la majorité des femmes, le célibat équivalait à vivre dans la pauvreté. Certaines célibataires des zones urbaines ont certes pu, grâce au marché du travail, assurer leur subsistance, mais leur maigre salaire ne leur offrait guère la possibilité d'atteindre un niveau de vie satisfaisant. Le mariage demeurait encore pour la plupart des femmes, jusqu'à la moitié de notre siècle, le moyen le plus sûr d'assurer leur sécurité matérielle.

Ainsi, bon nombre de célibataires ont dû vivre sous le même toit que leur famille, constituant en quelque sorte des aides d'appoint, versant une part de leur salaire au revenu familial et contribuant gratuitement au travail domestique (Collectif Clio, p. 243). À la campagne comme à la ville, les célibataires ont été également mères de remplacement, prenant la responsabilité de la maisonnée lors de maladie ou de décès. Ainsi, même si le célibat leur permettait de se soustaire à la maternité biologique, il n'accordait pas pour autant aux non-mères la chance d'échapper aux tâches domestiques et maternelles.

Les femmes des classes supérieures semblent avoir bénéficié de possibilités plus variées. En effet, celles qui possédaient un petit capital n'étaient pas contraintes au mariage pour survivre. D'autres, qui avaient eu accès à une éducation supérieure, ont pu, en se battant, faire reconnaître leurs compétences professionnelles et accéder à une certaine autonomie financière. Mais le célibat laïque était considéré d'un mauvais œil par les élites religieuses de l'époque. L'histoire de Marie J. Gérin-Lajoie, première bachelière du Québec, en est un exemple. Dès la fin de ses études, elle songe à s'engager dans la vie publique. Elle choisit le célibat «pour y être dégagée de tous les soucis de la famille afin d'avoir la liberté de se consacrer toute aux œuvres[7]». Rencontrant des difficultés à faire reconnaître son apostolat laïque, elle devra le transformer en cours de route en projet religieux[8].

Dans les milieux plus modestes, la décision de non-maternité permettera à d'autres femmes de s'investir pleinement dans des activités politiques et syndicales. Les vies de Laure Gaudreault, Madeleine Parent et Léa Roback en fournissent des témoignages éloquents[9].

La vie religieuse, contrairement au célibat laïque qu'on taxera d'égoïsme, aura un statut privilégié dans la société jusqu'aux années 60. Pendant longtemps, le célibat consacré sera l'idéal proposé aux couventines. Les communautés religieuses prendront de l'essor à partir de 1840; on verra ainsi apparaître régulièrement de nouvelles congrégations et le nombre de novices augmentera jusqu'à la Révolution tranquille[10]. À l'encontre du dicton populaire qui veut que les femmes prennent le voile seulement après avoir coiffé Sainte-Catherine, la majorité des jeunes filles entrent au couvent à l'âge même où leurs consœurs se marient.

Les motifs, ayant incité les femmes à prendre le voile à une époque où les avenues de réalisation personnelle étaient fort étroites, sont variés. Sans vouloir minimiser le sentiment religieux qui habitait les novices et les pressions que la famille ou le clergé exerçaient sur elles, entrer au couvent a sans doute été «pour la majorité, une assurance contre la misère et la pauvreté, pour certaines, un moyen de contester le destin de la procréation et pour quelques-unes le moyen de faire carrière (...) et de recevoir une éducation supérieure[11]».

Le travail de la plupart des épouses de Dieu était, à certains égards, similaire au travail maternel: éducation, service domestique au clergé, soin aux enfants, aux malades et aux vieillards. Toutefois, les conditions n'étaient pas les mêmes, puisque les religieuses n'avaient pas à fournir de services sexuels à un époux, ni à assumer un nombre indéterminé de grossesses.

La fondation de nouvelles communautés et le nombre de recrues vont continuer de s'accroître jusqu'en 1961[12]; puis, lorsque les Québécoises optiendront la possibilité de faire carrière sans prendre le voile, le mouvement s'inversera[13].

Les femmes mariées

Il était sans doute difficile pour les femmes mariées d'opter pour la non-maternité à une époque où la sexualité était synonyme de reproduction et le nombre d'enfants au cœur du contrat marital et du devoir conjugal. Au Québec, jusqu'à la Révolution tranquille, la difficulté de trouver des moyens contraceptifs efficaces, l'adhésion à la morale religieuse et à la conception d'une nature féminine vouée à la maternité, ont fait en sorte que le mariage, à moins de la stérilité d'un des époux, conduisait nécessairement à la naissance d'enfants.

Quelques femmes mariées ont néanmoins pu se soustraire à la maternité, soit en négociant avec leur mari une période de continence ou l'interruption du coït, ou alors en se procurant illégalement condom et diaphragme[14]. Mais pour la très grande majorité d'entre elles, l'utilisation de l'une ou l'autre méthode a surtout permis d'espacer et de limiter le nombre des naissances. Le moyen le plus sûr d'éviter d'avoir des enfants demeurait le report du mariage jusqu'à la fin de la période de fertilité[15].

Toutefois, malgré la désapprobation ouverte du clergé et les interdits légaux, les femmes se sont, de toute évidence, transmises des secrets et des adresses. La chute graduelle de la natalité au Québec, à partir du milieu du 19e siècle, témoigne éloquemment du désir des femmes de diminuer leur fécondité.

En plus de l'utilisation de diverses méthodes contraceptives, les femmes mariées et les célibataires, actives sexuellement, disposaient aussi d'autres moyens pour prévenir ou mettre fin à une grossesse non désirée: l'avortement, l'abandon d'enfant à la crèche, voire l'enlèvement de la vie d'un nouveau-né. Nous n'avons cependant aucun indice nous permettant de croire que ces moyens aient été utilisés fréquemment. En effet, ces gestes avaient souvent pour but de soulager la famille de l'arrivée d'une bouche supplémentaire à nourrir, ou alors d'éviter le déshonneur à une époque où la maternité ne devait se produire qu'à l'intérieur du mariage. L'arrêt d'une grossesse ou l'abandon de l'enfant permettait ainsi à la «fautive» de refaire sa vie, c'est-à-dire de se marier et d'avoir des enfants légitimes cette fois.

La modernisation sociale, économique et juridique du Québec à partir des années 60, ainsi que la montée du mouvement des femmes, vont favoriser l'évolution des mentalités et l'éclosion d'une pluralité de modes de vie. Des femmes pourront ainsi s'interroger sur leur «désir» d'enfant, opter pour la non-maternité, choisir le style de vie qui leur convient au lieu d'être restreintes au célibat laïque ou consacré.

DU CÔTÉ DU MOUVEMENT DES FEMMES

En réclamant le droit de ne pas être uniquement des mères, le mouvement des femmes a prôné un élargissement du rôle typique des femmes jusqu'alors restreint au mariage, à la maternité et à la vie domestique. Mais les féministes ont-elles pour autant présenté le choix de ne pas avoir d'enfant et mis en lumière les préoccupations de celles qui avaient opté pour la non-maternité volontaire?

Du côté de la théorie, les militantes québécoises de la deuxième vague féministe se sont inspirées, dans un premier temps, d'un courant plus radical qui dénonçait non seulement la maternité comme vocation naturelle des femmes, mais aussi l'institution même de la maternité[16]. Au fil des ans et de la pratique, le discours féministe va se diversifier et se nuancer. En fait, il se situe sur un continuum qui va de la maternité perçue comme l'instrument privilégié de l'aliénation des femmes, à la glorification par des néo-féministes des années 80, de la maternité comme source principale du pouvoir des femmes[17].

Dans la pratique, les revendications des féministes sont restées plus proches des préoccupations des mères (Descarries-Bélanger et Corbeil, 1987). En effet, les femmes ont surtout réclamé des conditions décentes de maternité et la possibilité de participer à la sphère publique. Leurs principales demandes concernaient le droit à l'avortement, la contraception, les garderies, les congés de maternité et de paternité, le retrait préventif, l'égalité salariale, le partage du travail domestique et de l'éducation des enfants ainsi que la révision du Code civil en matière familiale. Ainsi, même si les gains des dernières années ont contribué à améliorer sensiblement le statut des femmes en général, les acquis du mouvement ont surtout constitué un progrès pour les mères (Brière, 1987).

En somme, bien qu'on ait vertement critiqué les conditions sociales de la maternité, les féministes ont accordé peu d'attention au non-désir d'enfant. Le choix de la non-maternité volontaire a été quasi évacué dans les écrits du mouvement des femmes[18]. Et même si le droit à l'avortement est la lutte qui mobilise le plus les femmes au Québec, les revendications portent bien plus sur le contrôle de la fertilité, c'est-à-dire la liberté de choisir le moment et le nombre de grossesses portées à terme que sur le droit d'avoir ou non des enfants[19]. En fait, le droit de ne pas avoir d'enfant a été le sujet le moins repris par les femmes (Le Coadic, p. 39).

FRÉQUENCE ET ÉVOLUTION DU PHÉNOMÈNE

Il est difficile de connaître le nombre de femmes sans enfant volontairement que ce soit au Québec, au Canada ou dans les autres pays étudiés[20]. Il n'existe aucune donnée statistique sur le pourcentage de couples mariés ou sur le nombre de femmes sans enfant volontairement. Les études nationales et les recensements nous permettent seulement d'en faire une approximation, les données agrégées ne distinguant pas entre la stérilité, l'ajournement des naissances et le choix de non-maternité.

À la suite d'une enquête nationale sur la croissance de la famille effectuée au milieu des années 70 aux États-Unis, Mosher et Bachrach concluent que si l'on tient compte de la stérilité et de l'ajournement des naissances, la proportion de femmes sans enfant par choix est faible. Parmi les 18 % de femmes en âge de procréer, sans enfant au moment de l'enquête, ils estiment que seulement 2,2 % des femmes de 15 à 44 ans qui ne se sont jamais mariées et 1,8 % des couples mariés ont opté délibérément pour la non-maternité.

Au Canada, une étude sur la fertilité révèle que le pourcentage de non-mères, volontaires ou non, a considérablement diminué durant la période du bébé-boom pour atteindre le niveau le plus bas jamais enregistré au pays. Toutefois, à partir des années 70 la proportion de Canadiennes qui ne contribuent

pas au renouvellement de la population augmentera sensiblement. En effet, environ 17 % des Canadiennes non célibataires
(mariées, veuves, séparées, divorcées) nées au tournant du siècle, n'ont jamais eu d'enfant (volontairement ou non), alors que
seulement 6 % des femmes ayant atteint l'âge de procréation à
la fin du bébé-boom (nées entre 1937 et 1944) n'auront pas
d'enfant. Toutefois, en 1971, c'est 9 % des femmes mariées de
30-34 ans qui n'avaient pas encore constitué une descendance.
Et dix ans plus tard, ce pourcentage atteignait 14 %[21].

En ce qui a trait à la non-procréation volontaire, Veevers
(1980) estime que dans les années 70, environ 5 % des couples
mariés au Canada, étaient inféconds volontairement. Nous
n'avons malheureusement aucune estimation de ce taux pour
l'ensemble des Canadiennes.

Les tendances québécoises ont suivi d'assez près celles du
Canada au 20e siècle. Au Québec, en effet, 25 % des femmes
(mariées, célibataires et religieuses) nées en 1887, 1903 et 1913
n'ont pas connu la maternité, dont 14 % étaient célibataires
(religieuses incluses) et 11 % mariées (Lavigne, p. 326).

Pour les femmes mariées nées entre 1926 et 1935, celles
qui auront leurs enfants durant la période du bébé-boom, seulement 4,3 % n'auront pas de descendance. Les Québécoises de la
génération suivante (nées entre 1936 et 1945) seront par contre,
presque deux fois plus nombreuses à ne pas être mères (7,8 %).
Quant aux générations nées pendant la première décennie du
bébé-boom (1946-1955), seulement 8 % des femmes mariées
n'avaient pas eu d'enfant en 1980 (Lapierre-Adamcyk et Péron,
p. 31).

L'inclusion des femmes non mariées (célibataires, union de
fait) dans les statistiques, nous révèle cette fois un tout autre
portrait. En 1987, 20 % des femmes âgées de 35 à 39 ans
n'avaient pas eu d'enfant[22]. La proportion de femmes mariées
non-mères de ce groupe est par contre bien moindre[23]. En effet
seulement 8 % des femmes mariées étaient sans enfant à cette

époque. Quant à la génération des 30-34 ans, 25 % étaient sans enfant lors de l'enquête, tandis que seulement 10 % des femmes mariées de ce même groupe n'avaient pas encore constitué de descendance. Une femme sur deux du groupe des 25-29 ans n'avait pas encore eu d'enfant, la proportion de femmes mariées non-mères en représentant ici près du quart.

Dans l'ensemble, la hausse du taux de femmes sans enfant au Québec — le tiers des femmes en âge de procréer en 1986 n'avaient pas encore eu d'enfant — est essentiellement liée aux célibataires et aux conjointes de fait[24]. En effet, à part la baisse du taux de procréation maritale durant le bébé-boom, le pourcentage de femmes mariées sans enfant est demeuré assez stable au Québec depuis le début du siècle, soit entre 8 % et 11 %. Et si nous tenons compte des problèmes de fertilité affectant un certain nombre de couples[25], le pourcentage de non-maternité volontaire apparaît alors peu élevé dans ce groupe. Le mariage est donc encore largement synonyme de maternité pour les femmes.

Par contre, la hausse du taux de non-procréation volontaire des femmes mariées de 25-29 ans est toutefois assez remarquable. Il est difficile, à ce stade-ci, de prédire le nombre d'entre elles qui seront effectivement non-mères, puisqu'elles ont encore de 10 à 15 années de fertilité devant elles. Par ailleurs, nous savons que 92 % des Québécoises de 18-34 ans prévoit avoir des enfants, le nombre idéal étant de deux enfants pour la moitié des femmes interrogées, près du tiers en désirant au moins trois; c'est donc seulement 8 % des femmes en âge de procréer qui ne désirent pas d'enfant. La proportion de femmes qui pensent se marier et qui ne veulent pas devenir mères est d'environ 3 %[26]. Ainsi, un bon nombre de femmes de ce groupe, présentement sans enfant, en auront vraisemblablement au moins un.

L'augmentation de la non-maternité volontaire chez les femmes de moins de 35 ans, particulièrement celles de moins de 30 ans, n'est peut-être que temporaire. Les femmes reporteraient leur maternité à plus tard, lorsque des circonstances plus favorables se présenteraient; c'est-à-dire lorsqu'elles auront terminé leurs études, trouvé un travail, obtenu un revenu décent, et pour la majorité, rencontré un conjoint ayant le goût de s'impliquer activement dans une relation parentale. Dans leur cas, l'ajournement des naissances pourrait donc correspondre à la volonté de réussir préalablement leur insertion professionnelle.

Ce taux élevé de non-mères (mariées ou non) peut être aussi un indice de l'inquiétude des jeunes face à l'avenir, une indication de leurs difficultés, voire de l'impossibilité de fonder une famille. Les problèmes économiques (coût élevé de la vie, chômage, emplois occasionnels ou à temps partiel) et l'instabilité des relations amoureuses sont en effet des facteurs importants de freinage ou de dissuasion[27]. Mais ce taux peut être également, tout simplement, le reflet de la volonté d'un plus grand nombre de femmes de vivre leur insertion sociale sous une autre forme. En effet, la généralisation de l'accès à des moyens contraceptifs efficaces, à l'éducation post-secondaire et au marché du travail ont permis aux femmes de choisir plus librement la forme de valorisation et d'insertion sociale qui leur conviennent (Dandurand, 1986, p. 105).

Ainsi, la maîtrise de la fertilité et la relative autonomie financière que procure un salaire, ont permis aux femmes d'échapper non seulement à l'obligation à l'hétérosexualité[28], mais aussi à la contrainte matrimoniale qui a longtemps été une composante majeure de leur vie[29]. Les femmes peuvent ainsi «choisir» leur orientation socio-sexuelle et leur mode de vie, c'est-à-dire mariage, cohabitation ou célibat, maternité seule ou en couple, ou alors non-maternité.

On ne peut évaluer précisément le nombre de femmes qui seront effectivement non-mères; il faudra attendre la fin du cycle reproductif des générations en âge de procréer pour le connaître. Toutefois, il est clair que le comportement reproductif des femmes est en pleine mutation. Les femmes d'aujourd'hui, par rapport à celles des années 70, accusent un retard dans la constitution de leur descendance. En effet, non seulement y a-t-il un bon nombre de femmes qui n'ont pas encore fondé une famille, mais l'âge moyen de la maternité, après s'être abaissé de deux ans depuis 1951, augmente un peu depuis une dizaine d'années (Dionne, p. 11). Mais ce qui est plus significatif encore, c'est que le pourcentage de primipares âgées de plus de 30 ans est aussi à la hausse depuis 1970[30].

Que savons-nous des Québécoises qui retardent leur première maternité? Les recensements indiquent, d'une part, que les femmes plus scolarisées et actives sur le marché du travail débutent leur famille plus tardivement et, d'autre part, que les Québécoises appartenant à cette catégorie sont de plus en plus nombreuses. Ces données révèlent également que le pourcentage de femmes vivant avec un conjoint (mariées ou non) diminue avec la scolarité (Rochon, 1989), et que près du trois quarts des femmes qui prévoyaient avoir un enfant dans un proche avenir étaient des célibataires, avec ou sans conjoint[31].

La légère augmentation des naissances, notée depuis le mois de mai 1988 et qui s'est accentuée en 1989, nous incite à penser que les femmes en âge de procréer ajournent leur projet d'enfantement[32]. En effet, même si les jeunes femmes qui entrent actuellement dans leur période de reproduction sont de moins en moins nombreuses, il y a une hausse de la fécondité attribuable aux femmes de plus de 30 ans. Ainsi, l'hypothèse depuis longtemps avancée semble se vérifier; l'augmentation du taux de femmes sans enfant serait due en grande partie au fait qu'un bon nombre d'entre elles reportent à plus tard la maternité. Ainsi, le pourcentage de non-mères sera probablement moins important que celui qui avait été prédit, à savoir que de 18 % à 24 % des Québécoises nées dans les années 50 (âgées de plus de 30 ans) n'auraient pas d'enfant (Rochon, juin 1988).

Si on prend les années 50 comme point de référence, il se dessine une hausse du pourcentage de non-mères. Si, à l'inverse, on prend le début du siècle comme point de comparaison, on arrive à une toute autre conclusion. C'est le faible taux de non-maternité de l'après-guerre qui apparaît alors comme une exception. En effet, la chute spectaculaire de la natalité, au cours des dernières décennies[33], nous a fait parfois oublier que la hausse des années 50 n'a été qu'une parenthèse de 20 ans, dans un mouvement à la baisse amorcé depuis plus d'un siècle[34]. À cette époque, le mariage et la famille étaient vus comme la solution à tous les problèmes. Afin de libérer des emplois pour les hommes qui reviennent de la guerre, une véritable campagne de mystification s'opère, alors qu'on persuade les femmes que le bonheur est dans la maternité et dans le rôle de «reine du foyer» à temps plein. En conséquence la proportion de filles engagées dans des études post-secondaires se mit à décroître, l'âge moyen des filles à leur mariage chuta à 19 ans et le nombre d'enfants par famille augmenta (Dumont, 1986, p. 17).

LA DÉNATALITÉ ET LES FEMMES SANS ENFANT

Le Québec, à l'instar d'autres pays industrialisés, a une faible fécondité[35]. Mais ce qui singularise le Québec par rapport aux pays occidentaux, c'est qu'il a réussi à conserver, du moins chez les francophones, une forte natalité durant la première moitié du 20e siècle. Jusqu'en 1960, la difficulté de se procurer des contraceptifs efficaces, la tradition religieuse et le pouvoir politique ont en effet contribué à maintenir un taux de fécondité plus élevé que dans la plupart des pays industrialisés. Mais depuis, une baisse s'est produite avec une rapidité et une ampleur qui n'ont d'équivalent ni au Canada, ni dans le monde[36].

Je rappellerai ici simplement que cette récente et spectaculaire chute de fécondité des Québécoises s'inscrit dans un ensemble de changements sociaux, culturels et économiques issus de la Révolution tranquille. Urbanisation, démocratisation de l'enseignement, recul des valeurs religieuses, conception

renouvellée du bonheur, renforcement des valeurs individua-
listes et avènement de la société de consommation, voilà autant
de changements qui ont généré à la fois des nouvelles attitudes
personnelles ainsi que de nouveaux modes de vie conjugaux.
Également, un certain nombre de transformations cruciales — la
plupart initiées par le mouvement des femmes — a changé la vie
de ces dernières: l'utilisation massive de méthodes contraceptives plus efficaces (pilule et stérilisation[37]), un accès plus grand
surtout, à partir des années 80, à l'avortement, la possibilité de
poursuivre le même cheminement académique que les hommes
et un accès généralisé à de nouvelles professions et au marché
du travail[38].

Ces mutations ont permis aux femmes d'accentuer davantage la pression pour tenter d'obtenir une place, des conditions
de vie et de travail comparables à celles qu'ont les hommes dans
la société québécoise. Dans les faits cependant, l'élargissement
du rôle des femmes à d'autres fonctions que la maternité n'a pas
remis en cause les attentes sociétales, masculines en particulier,
vis-à-vis des femmes: maternité, prise en charge de l'éducation
des enfants et du travail domestique[39].

La baisse de fécondité suscite, à juste titre, des inquiétudes
chez les experts et dans la population, surtout depuis que
l'indice de fécondité est passé en 1970 sous le seuil de remplacement des générations[40]. Il est bien évident qu'à moins d'une
hausse de la natalité ou d'une politique d'immigration compen-
satoire[41], le maintien de cette situation entraînerait, à plus ou
moins long terme, une diminution de la population. Certains
scénarios pessimistes prévoient la situation suivante: la baisse de
la population va freiner l'activité économique (Mathews, 1987),
le Québec perdra non seulement son influence au sein du
Canada, mais aussi sa spécificité culturelle, voire même linguis-
tique, et le vieillissement de la population entraînera une augmentation du poids des pensions de retraite (Henripin, 1988).

Du point de vue des femmes, la question de la chute de la fécondité ne se pose pas uniquement à l'intérieur de ces paramètres. Ce sont elles, après tout, qui portent souvent seules la responsabilité de la reproduction et du maternage qui, dans ces conditions, deviennent un lourd fardeau. Il n'est donc pas étonnant que les femmes puissent tenir un discours différent face à dénatalité[42]. Avoir des enfants pour une femme, dans la société actuelle, représente bien souvent des coûts financiers directs: difficulté d'insertion sur le marché du travail à cause de sa structure rigide et de la pénurie de garderies, une pénalité monétaire (perte de revenu, d'avantages sociaux) lorsqu'elle quitte son emploi pour élever ses enfants et une plus grande dépendance économique vis-à-vis son conjoint. C'est souvent, aussi, payer cher en termes de liberté personnelle: moins de temps à elle que ce soit pour des sorties, des voyages, la pratique de sports et plus de temps du tout quand elle doit assumer à la fois un emploi et l'essentiel du maternage et des tâches domestiques. De ce point de vue, avoir peu ou pas d'enfant constitue un avantage certain pour les femmes: plus grande autonomie personnelle et financière, meilleure retraite pour ne mentionner que ces éléments.

L'analyse de l'indice de fécondité par rang de naissance révèle que le régime de faible fécondité est caractérisé par un recul important des familles de trois enfants ou plus, et par une augmentation du nombre de femmes sans enfant. C'est pourquoi les politiques de redressement de la natalité visent à inciter les femmes à avoir, pour les unes un premier enfant, pour les autres un troisième. La décision d'avoir un premier enfant est, à ce stade-ci, tout aussi importante pour l'avenir démographique du Québec que celle d'en avoir un troisième (Fortin, 1988).

Il est nécessaire qu'une société donne, aux couples et aux femmes qui désirent des enfants, des conditions décentes qui permettent la réalisation de cette aspiration. Toutefois, dans une société où le discours sur la reproduction est plus prompt à culpabiliser les femmes et à les taxer d'égoïsme qu'à leur reconnaître le droit à l'autonomie, on peut se demander comment se traduiront les incitations à la maternité et quelles en seront les conséquences sur la vie des femmes. La perception par les femmes, sans enfant volontairement, du discours sur la reproduction, nous donne certains indices de l'existence et de l'effet des pressions sociales ou des incitations à la maternité. (Voir les quelques exemples au chapitre trois.) Mais avant d'aller plus loin, rencontrons les femmes du Québec, sans enfant volontairement, et tâchons de découvrir qui elles sont.

Notes

1.   Voir à ce sujet la série d'articles parues dans *La Presse*, du 10 au 18 septembre 1988, par le journaliste Louis Falardeau, «Un Québec sans enfant». Voir aussi l'article de Conrad Bernier dans *La Presse*, juin 1987, «Québec, terre d'infécondité...»; les réponses de Mme Evelyne Lapierre-Adamcyk et Nicole Marcil-Gratton, «Dénatalité» ainsi que celle de Jacques Henripin «Le démographe Henripin répond à la critique».

2.   Dans un article parue dans *La Presse,* juin 1988, «Un budget familial?», Mesdames Dandurand, Kempeners et LeBourdais, membres du Groupe de réflexion sur les politiques sociales, commentent les mesures natalistes proposées dans le budget provincial de 1988-1989 (allocations familiales, primes d'aide à la naissance, services de garde, logement, ainsi que les mesures fiscales spécifiques aux familles).

3.   Voir à cet effet: (1) «Dossier sur la situation présente et l'avenir prévisible de la population du Québec», dans la revue l'*Action Nationale*, mai 1988. (2) *Dénatalité: des solutions*, 1989, compte rendu du Colloque international sur les politiques familiales, organisé en 1988 par le Conseil des affaires sociales avec la collaboration du Secrétariat à la famille et du Bureau de la statistique du Québec. (3) *Une politique familiale: enjeux et débats* (Dandurand, 1987). (4) *Rapport,* première partie: *Le soutien collectif réclamé pour les familles québécoises*, Comité de la consultation sur la politique familiale, 1986. (5) «Une politique nataliste: pour ou contre?», Lord, 1988.

4.   Depuis le développement des nouvelles technologies de la reproduction, même la stérilité n'est plus une raison suffisante pour ne pas être mère (Vandelac, 1986).

5.   Cette représentation correspond plus à un idéal qu'au réel portrait des mères québécoises. Les familles de 10 enfants et plus décroissent rapidement à la fin du siècle dernier. En effet, 21 % des femmes nées à la fin du 19e siècle (1887) ont eu 10 enfants et plus; de celles nées en 1906, seulement 13 % en auront autant, tandis que la proportion de femmes qui en aura 10 et plus, dans la génération née en 1913, ne représente plus que 8 %. Ainsi, l'image idyllique de la Québécoise prolifique correspond seulement au vécu d'une minorité de femmes (Lavigne, 1983, tableau 3, p. 325).

6.   Le discours typique sur le féminin est le suivant: dévouement, bonté, esprit de sacrifice, renoncement, oubli de soi caractériseraient la nature profonde de la femme. Elles ne pouvaient donc se réaliser qu'en assumant leur vocation, à savoir la maternité. Les élites religieuses, doctrice catholique à l'appui, soulignaient non seulement la valeur de la maternité biologique mais celle d'une maternité spirituelle. On reconnaissait ainsi l'importance du rôle rempli par les religieuses et les célibataires laïques vouées à l'enseignement et au soin des malades et indigents (Ferretti, 1986, p. 150).

7.   Lettre du père Stanislas Loiseau à Marie Gérin-Lajoie (mère), 2 août 1914, citée par Dumont (1982).

8.   Marie Gérin-Lajoie fonde en 1923 l'Institut Notre-Dame-du-Bon-Conseil (Dumont, 1982, p. 281).

9.   Voir Lacelle (1988).

10. Les congrégations religieuses recrutent dans toutes les classes de la société (Dumont, 1982, p. 275).

11. La vie religieuse représentait pour les jeunes filles non seulement une alternative au travail domestique ou en usine, mais la vocation a aussi été un moyen d'échapper à l'exil en pays de colonisation (par exemple: les Laurentides, le Lac-St-Jean ou l'Abitibi) ou aux États-Unis pour trouver du travail en usine (Collectif Clio, 1982, p. 223-226).

12. Entre 1901 et 1961, le nombre de communautés a triplé et les religieuses sont presque cinq fois plus nombreuses qu'au début du siècle. Ainsi, en 1961, le Québec comptait 132 communautés religieuses regroupant 46 993 congréganistes (Dumont, 1982, tableau 1, p. 282).

13. Il faut ajouter qu'en plus des transformations qui touchent l'ensemble de la société à l'époque, les religieuses désertent le couvent à partir du moment où leur statut aura considérablement diminué dans une société de plus en plus laïcisée (Dumont, 1982, p. 289).

14. La distribution d'information et de matériel contraceptif, ainsi que le recours à l'avortement étaient sanctionnés dans le Code criminel canadien depuis 1892. Il faudra attendre plus d'un demi-siècle, pour voir l'abrogation

de cette loi en ce qui a trait à la contraception, et plus longtemps encore pour que l'avortement ne soit plus considéré comme un acte criminel (cf. le Bill Omnibus, 1969).

15. Tabet (1985) démontre clairement comment le concept de fertilité dite naturelle occulte le fait que les femmes sont dressées à une forme de sexualité (le coït) et exposées dans le mariage au risque maximum de conception.

16. Dans cette analyse, ce n'est pas la fonction biologique comme telle qui est considérée comme aliénante mais plutôt les conditions dans lesquelles s'exerce la maternité. La libération de l'oppression passerait ainsi par le refus de la maternité ou, tout au moins, par le rejet de la maternité telle que vécue dans notre société. Refuser cette institution, c'est aussi ouvrir la porte à d'autres formes de maternité: maternité-célibataire ou monoparentale, maternité-lesbienne, etc.

17. Selon la typologie présentée par Descarries-Bélanger et Roy (1987), le mouvement des femmes serait traversé par trois grands courants de pensée: le féminisme égalitariste, le courant radical et le féminisme de la fémélléité (les féministes de ce courant accordent une importance centrale au vécu maternel, elles essaient de présenter une théorie de la différence, de la féminitude et du féminin).

18. (1) Dans une bibliographie sélective, des principaux écrits théoriques récents issus du mouvement des femmes «Femmes, féminisme et maternité» (Corbeil et Descarries, 1989), seules quelques titres portent sur la non-maternité volontaire. (2) Dans un ouvrage publié à la suite d'une journée d'étude, hiver 84, autour du thème «Féminisme et Maternité» (de Vilaine, Gavarini et Le Coadic, 1986), un seul des quarante articles traite du choix de la non-maternité (Vallée, 1986), tandis qu'un autre porte sur l'avortement (Weiss-Rouanet, 1986).

19. Le slogan désormais célèbre «Nous aurons les enfants que nous voulons» traduit bien la notion de gestion de la reproduction. L'inclusion de l'option de ne pas avoir d'enfant aurait commandé un slogan du genre «Nous aurons des enfants, si nous en voulons».

20. Angleterre: Baum et Cope (1980). Australie: Baum (1983); Callan (1982); Rowland (1982). Canada: Greenglass et Borovilos (1985); Grindstaff et Balakrishnan et Ebanks (1981); Tomes (1985); Veevers (1971, 1972); Wolowyna (1977). États-Unis: Blake (1979); Gustavus et Henley (1971); Houseknecht (1982); Mosher et Bacharach (1982); Poston et Kramer (1983); Schapiro (1980); Westoff (1978). Écosse: Cambell (1983). Pays-Bas: den Bandt (1980).

21. Romaniuc, pp. 33-34.

22. Les données de l'enquête menée par Santé-Québec (1987), sont citées dans Rochon, 1989.

23. On observe, pour les 34-39 ans, davantage de femmes mariées que dans le groupe précédent (30-34 ans), mais également plus de femmes séparées ou divorcées. Cependant, le nombre total de femmes vivant avec un conjoint, unions de fait incluses, n'est guère plus important que chez les 30-34 ans, respectivement 81 % et 80 %. Dans le groupe des 30-34 ans, il y a plus de femmes mariées (66 %) que chez les 25-29 ans (50 %); par contre, les unions de fait sont moins fréquentes, soit 14 % chez les 30-34 ans, comparativement à 21 % pour les 25-29 ans (Rochon, 1989, pp. 22-23-24).

24. Dans les années 70, environ 90 % des Québécois et Québécoises adultes sont mariées, tandis qu'en 1986 seulement 45 % des hommes et des femmes sont légalement mariés. Par contre, l'union libre est à la hausse. Un couple sur huit (12 %) vit une union sans papier et cette proportion pourrait même atteindre 20 % selon Statistique Canada. Il est à noter que le nombre de célibataires est aussi à la hausse. Ainsi, en plus de délaisser le mariage, les femmes, particulièrement les jeunes femmes, vivent moins en couple qu'il y a une décennie. Signalons que les enfants naissent de moins en moins dans le cadre des unions légales. En effet, en 1976, 10 % des enfants naissaient hors du mariage, alors qu'en 1986, la proportion était de 27 % (Duchesne, 1989). Ajoutons enfin que les femmes vivant en union de fait ont non seulement moins d'enfants, mais elles sont aussi beaucoup plus nombreuses que les femmes mariées à ne pas en avoir du tout (Rochon, 1989).

25. La stérilité est à la hausse depuis dix ans, au Québec. Elle est dûe pour une bonne part aux infections produites par les maladies transmises sexuellement. Elle affecte environ de 10 à 15 % des couples, et 6 fois sur dix, la cause de l'infécondité est attribuable aux femmes (Escomel, 1986). Rappelons que l'utilisation de la contraception dure, en permettant de maîtriser la fertilité, a aussi introduit la possibilité de «programmer» la conception. Ce qui a pour conséquence que plusieurs couples vont en consultation après seulement quelques mois d'essais infructueux. De plus, le corps médical a tendance à considérer la non-conception comme un problème de fertilité après seulement deux ans d'insuccès. Alors que dans les faits, la conception d'un enfant peut prendre plusieurs années sans qu'il y ait pour autant un problème de fertilité (Vandelac, 1986).

26. L'enquête sur la fécondité au Canada a été réalisée au printemps 1984, auprès d'un échantillon représentatif de 5 315 femmes âgées de 18 à 49 ans. Bien qu'elles désirent majoritairement avoir des enfants, la venue d'un enfant n'est pas l'objet d'un enthousiasme sans réserve. La recherche du bonheur passerait d'abord par une vie de couple durable, par l'auto-détermination

(choix de travailler à l'extérieur du foyer, de gérer son temps, etc.) tandis qu'avoir un enfant se classe seulement au troisième rang des éléments contribuant à leur épanouissement personnel. Ainsi, les femmes considèrent de moins en moins la maternité comme l'expérience absolument nécessaire à leur réalisation (Lapierre-Adamcyk, Balakrishnan et Krotki, 1987).

27. Seulement une minorité de jeunes déclarent que le mariage est une institution sociale démodée. Plus de 80 % des jeunes femmes de 18 à 24 ans ont l'intention de se marier. Toutefois, les données récentes sur le taux de divorce et de séparation laissent présager que les «carrières» conjugales d'un assez grand nombre de jeunes d'aujourd'hui vont ressembler à une suite d'unions temporaires, entrecoupées par des périodes de vie sans conjoint. Ce contexte serait alors fort peu favorable au développement de projets familiaux. C'est donc dire que bien des désirs d'enfant risquent de demeurer sans suite à cause de ces aléas conjugaux (Péron, 1988).

28. Voir Rich (1980) pour une discussion sur la contrainte des femmes à l'hétérosexualité.

29. «La dyade conjugale ne pourra se dénouer tant que les femmes n'auront pas le contrôle de leur fécondité et un accès direct aux ressources monétaires, double condition sans laquelle la contrainte matrimoniale est quasi incontournable.» (Dandurand et Saint-Jean, 1986, p. 126)

30. Les primipares de 30-34 ans sont passées de 14 %, en 1970, à 26 % en 1982 (Romaniuc, 1984, p. 115).

31. Données de l'enquête sur la fécondité au Canada de 1984, citées dans Rochon, mai 1988.

32. Au Québec il y a eu une augmentation de 5,4 % du nombre des naissances de premier rang entre les mois de janvier et avril 1989, comparativement à la même période en 1988. (Données du Bureau de la statistique du Québec parues dans La Presse du 7 septembre 1989, sous le titre «La fécondité est à la hausse au Québec»).

33. On est passé successivement de 3,8 enfants par femme en 1951, à 3,7 en 1961, 1,9 en 1971, 1,6 en 1981 et finalement, 1,4 en 1985 (Dionne, 1989, p. 12, tableau 2).

34. Les générations nées entre 1886-1895 ont eu 5,7 enfants par femmes, celles nées en 1906-1915 n'en ont eu que 3,9. Tandis que les femmes nées entre 1936-1940 ont eu une descendance de 2,9 enfants, et enfin les générations nées entre 1946-1950 n'en ont eu que 2,2 (Lapierre-Adamcyk et Péron, 1983, p. 31, tableau 3). Entre 1851 et 1951, le Québec a enregistré une chute du taux global de fécondité de 40,3 % (Lavigne, 1983, p. 320).

35. Tout comme l'Allemagne de l'Ouest, la Suisse, le Danemark et l'Italie du Nord, notre fécondité est qualifiée de faible parce que si l'on tient compte du déficit migratoire, il y a une diminution de la population (Frenette, 1988).

36. «Le Québec se distingue du reste du Canada par le fait que son indice de fécondité n'a pas montré de signe de stabilisation au cours des dernières années.» (Conseil des affaires sociales, 1989, p. 4)

37. Au Québec, la révolution contraceptive est l'une des plus tardives des pays industrialisés, mais elle semble être la plus fulgurante et la plus intense. Contrairement à ce que certains peuvent croire, la pilule contraceptive n'est pas la principale cause de la baisse de la fécondité. Celle-ci avait débuté bien avant que l'usage de la pilule se soit répandu. Elle a toutefois permis aux femmes une meilleure maîtrise de leur fécondité. Dès 1976, la stérilisation avait supplanté la pilule comme moyen privilégié de contraception. Il est à noter que les femmes utilisent la stérilisation très majoritairement lorsqu'elles ont eu le nombre d'enfants désirés, seulement 4 % des opérations s'effectuent sur des femmes qui n'ont pas d'enfant (Marcil-Gratton, 1987).

38. En dépit d'un plus grand accès à une éducation post-secondaire, le choix de carrière des femmes demeure fort différent de celui des hommes. Et malgré leur présence accrue sur le marché du travail, elles restent majoritairement cantonnées dans des secteurs d'emplois féminins, le plus souvent précaires et mal payés (Descarries-Bélanger, 1980).

39. L'entrée massive des femmes sur le marché du travail, depuis les années 60, n'a pas donné naissance, en contrepartie, à une redistribution des tâches domestiques entre les conjoints. En effet, même si les hommes et les femmes parlent de plus en plus de partage des tâches ménagères, dans les faits les hommes allouent encore peu de temps au travail domestique (Le Bourdais, Hamel et Bernard, 1987; Vandelac, Bélisle, Gauthier et Pinard, 1985).

40. On situe le seuil de remplacement des générations à 2,1 enfants par femme. L'indice synthétique de fécondité est passé sous ce seuil en 1970, et a continué de descendre pour atteindre, en 1988, 1,4 enfant par femme (Dionne, 1989, p. 9, figure 2).

41. «Le remplacement des berceaux vides par des avions d'immigrants» n'est pas très réaliste, selon Madeleine Blanchet (Conseil des affaires sociales) et Jacques Henripin, compte tenu du solde migratoire négatif au Québec (il y a plus de départs que d'arrivées chaque année). Ce dernier va plus loin en prétendant que cette solution pourrait même être dangeureuse pour la paix sociale au Québec (Guérin, 1988). De plus, malgré le déficit de 30 % (le taux de remplacement est situé à 2,1 enfants par femme, alors que l'indice de fécondité est actuellement de 1,4), le Québec enregistre encore, chaque année, plus de naissance que de décès. Mais ce sursis ne va pas durer très

longtemps, puisqu'au tournant du 21ᵉ siècle, si la tendance se maintient l'accroissement naturel deviendra négatif. La population déclinera alors progressivement (Henripin et Martin, 1988).

42. Le Conseil du statut de la femme (CSF) a soumis un document lors de la consultation générale sur l'étude de l'impact des tendances démographiques (Commission sur la culture). Le CSF enjoint l'État de continuer à soutenir les parents par une politique intégrée (congé parental, services de garde, travail à temps partiel), de favoriser la venue d'enfants sans privilégier un rang de naissance et de poursuivre des objectifs d'autonomie personnelle, ce qui comprend pour le CSF le libre choix à la maternité comme la possibilité d'avoir des enfants désirés. Voir à cet effet, Susanne Messier, 1985.

QUI SONT-ELLES?

Ce chapitre esquisse le portrait des non-mères de notre enquête. Les caractéristiques retenues font référence aux indicateurs socio-démographiques habituels. J'ai aussi compilé des informations sur leur famille d'origine (nombre d'enfants et rang qu'elles occupaient), leur orientation socio-sexuelle et enfin leur degré d'allégeance au mouvement féministe.

RÉPARTITION GÉOGRAPHIQUE

La répartition des répondantes est similaire à celle de l'ensemble de la population (Gouvernement du Québec, 1985). La région de Montréal est toutefois légèrement sous-représentée et celle de Québec un peu surreprésentée (tableau 1). En général, elles habitent la région où elles sont nées; cependant, 75 % d'entre elles ont déménagé de localité à l'intérieur de leur région. Nous constatons également, au tableau 1, une légère migration des répondantes issues de régions périphériques, vers les centres urbains de Montréal et de Hull.

La majorité (69 %) se concentre dans les deux grandes villes du Québec — Montréal et Québec — soit un pourcentage comparable à la répartition effective de la population québécoise dans ces centres (72 % en 1984). Ces femmes n'ont donc pas de caractéristiques particulières en ce qui a trait à leur lieu de résidence.

Tableau 1

Lieux de naissance et de résidence selon les régions

Région administrative	% Naissance	% Résidence	% Québec*
01 Bas St-Laurent/Gaspésie	5,1	2,3	3,6
02 Saguenay/Lac St-Jean	6,9	4,3	4,6
03 Québec	21,5	21,2	16,0
04 Trois-Rivières	11,5	7,4	6,8
05 Estrie	3,3	4,1	3,6
06 Montréal	40,5	48,1	56,0
07 Outaouais	3,3	6,4	4,2
08 Abitibi-Témiscamingue	3,3	1,5	2,3
09 Côte-Nord	0,8	1,3	1,7
Nées hors du Q. mais vivant ici	2,3	3,1	—
Nées ici mais vivant hors du Q.	1,3	0,3	—

*   *Répartition de la population du Québec: Répertoire des municipalités du Québec*, 1985.

ÂGE

La majorité des participantes ont entre 26 et 40 ans. Le tiers d'entre elles se retrouve toutefois dans la catégorie des 30 ans et moins, tandis qu'un autre tiers est âgé de 36 ans et plus.

Nous aurions aimé rejoindre plus de femmes ayant terminé leur période de fertilité biologique afin de pouvoir comparer les non-mères de différentes générations. Malheureusement, seul un petit nombre a répondu à l'appel; certaines d'entre elles nous ont d'ailleurs signalé que le questionnaire réflétait davantage les préoccupations socio-économiques de la génération actuelle de femmes dans la trentaine. Il est clair que les raisons pour ne pas avoir d'enfant n'étaient pas forcément les mêmes pour celles qui ont eu 20 ans dans les années 50.

Ainsi, certaines femmes ayant dépassé la cinquantaine nous ont retourné le questionnaire sans y répondre, affirmant ne pas avoir le goût d'évoquer à nouveau les motifs de leur décision; d'autres ont accompagné leur envoi d'une longue lettre commentant leur décision, sans toutefois répondre au questionnaire. Le choix d'une méthodologie de type plus quantitatif nous a conduit, malgré la richesse de leurs propos, à les exclure de notre analyse.

Tableau 2

Âge des répondantes

Groupe d'âge	Nombre	%
25 ans et −	31	8,0
26-30 ans	98	25,1
31-35 ans	129	33,0
36-40 ans	80	20,5
41 ans et +	53	13,6

NOMBRE D'ENFANTS ET RANG
DANS LA FAMILLE D'ORIGINE

Plus de la moitié des non-mères de notre enquête sont issues de famille de cinq enfants et plus (tableau 3). La ventilation des données par âge nous indique que plus les répondantes sont âgées, plus elles ont vécu dans des familles nombreuses. Nous remarquons également au tableau 3, que le tiers des femmes âgées de moins de 25 ans ont vécu dans une famille de 5 enfants et plus, tandis que c'est près du deux tiers des femmes âgées de plus de 36 ans qui proviennent de familles d'au moins cinq enfants.

Le pourcentage des répondantes ayant vécu dans une famille nombreuse est élevé. Au Québec, un peu plus de 30 %

des femmes mariées des générations nées entre 1906 et 1935 (la génération des mères des femmes âgées en 1986 de 30 ans et plus) ont eu cinq enfants et plus. Tandis que seulement 8 % des femmes mariées nées dans la génération suivante (1936-1945), donc les mères des femmes de 25 ans et moins, auront plus de cinq enfants (Lapierre-Adamcyk et Péron, 1983).

Tableau 3

Nombre d'enfants dans la famille
d'origine par groupe d'âge

Groupe d'âge	Nombre d'enfants				
	1-2 %	3-4 %	5-6 %	7-8 %	9 et + %
25 et –	25,8	41,9	12,9	12,9	6,5
26-30	20,4	33,7	28,6	12,2	5,1
31-35	17,1	31,8	24,0	11,6	15,5
36-40	15,0	23,8	21,3	15,0	25,0
41 et +	13,2	22,6	32,1	7,5	24,5
Nombre	69	118	97	47	60
Pourcentage	17,6	30,2	24,8	12,1	15,3

Quant au rang dans la famille d'origine (tableau 4), nous observons une forte proportion d'aînées et de cadettes mais, contrairement aux prédictions de certaines recherches, un faible taux de fille unique. (Voir Houseknecht, 1987, pour une rétrospective de ces études.) La distribution des données par groupe d'âge révèle que 30 % des femmes âgées de 36 à 40 ans et près de la moitié de celles qui ont 41 ans et plus, sont des aînées, la plupart étant issue, comme nous l'avons vu précédemment, de familles de large fratrie. L'analyse démontre également que 28 % des participantes âgées de 31 à 35 ans sont des cadettes de famille, groupe dans lequel nous retrouvons là aussi un fort pourcentage de familles nombreuses (plus de la moitié ayant vécu dans une famille de 5 enfants et plus).

Tableau 4

Rang dans la famille d'origine
par groupe d'âge

Groupe d'âge	Rang dans la famille				
	F. unique %	Aînée %	Cadette %	2-3 %	4 et + %
25 ans et –	3,2	38,7	19,4	25,8	12,9
26-30	2,0	32,7	22,4	23,5	19,4
31-35	7,0	24,0	27,9	22,5	18,6
36-40	5,0	30,0	12,5	22,5	30,0
41 ans et +	1,9	48,1	7,7	21,2	21,2
Nombre	17	124	78	89	82
Pourcentage	4,0	31,8	20,0	22,8	21,0

La place occupée dans la famille paraît donc avoir une influence sur le choix de ne pas avoir d'enfant. En effet, en assumant le rôle de «petite mère» auprès de leurs frères et sœurs, les aînées de famille ou les aînées des filles prendraient conscience de l'impact de la maternité sur la vie des femmes, et spécialement l'implication des maternités nombreuses. Cette expérience précoce les a sans doute rendues plus critiques face au discours entourant la féminité et, par le fait même, moins vulnérables aux pressions. Certaines répondantes avaient d'ailleurs l'impression d'avoir déjà élevé «leur» famille avant de quitter le foyer familial.

«Toute petite j'ai pris soin de mes sœurs et frères. Je suis la quatrième et la première fille de la famille. Dans ma famille, j'étais le deuxième esclave après ma mère. (...) Avec mon expérience familiale, j'ai eu comme ma famille. Toutes les femmes le disent, une famille ça suffit».

Quant aux cadettes, elles ont peut-être été influencées dans leur décision de non-maternité par leur perception des conditions sociales de la maternité et de ses effets sur la vie de leurs mères et de leurs sœurs. Ajoutons que la majorité d'entre elles ont eu 20 ans dans les années 70, période marquée entre autres, par une remise en question du modèle de la famille traditionnelle, de la place des femmes dans la société, de la popularisation de nouveaux modèles de vie pour les femmes (célibat, union de fait), de la possibilité de poursuivre des études supérieures et de faire carrière.

ÉTAT CIVIL

Près de la moitié des répondantes sont célibataires, plus du quart d'entre elles vivent en union de fait hétérosexuelle ou lesbienne et un peu moins du cinquième sont mariés[1] (tableau 5). Nous sommes donc en présence d'une sous-représentation des femmes mariées et d'une surreprésentation des célibataires, puisqu'en 1986, 46 % des Québécoises étaient mariées. La fraction des femmes en union libre est aussi très élevée; en effet, les unions de fait représentaient en 1986, un couple sur huit, tandis que le taux d'union consensuelle chez nos répondantes vivant en couple (hétérosexuel) est de un sur deux.

À la lecture de ces données, il est légitime de penser qu'une relation existe entre la décision de non-maternité et la mise en question soit de la pertinence de se marier tout de suite, soit l'institution même du mariage. Certaines répondantes affirment avoir effectivement lié ces deux dimensions.

Rappelons que le nombre de mariages a diminué considérablement depuis dix ans au Québec, tandis qu'ont augmenté les unions libres ainsi que la proportion de célibataires. La progression de l'union libre aux dépens du mariage n'est pas due seulement à l'infécondité volontaire mais aussi à la scolarisation des femmes, comme l'a souligné Rochon (1989).

Tableau 5

État civil des répondantes

État civil	Nombre	%
Célibataire	173	44,3
Mariée	72	18,4
Union de fait hétérosexuelle	84	21,5
Union de fait homosexuelle	22	5,6
Séparée, divorcée ou veuve	40	10,2

Par ailleurs on fait souvent l'équation entre la non-maternité et l'instabilité du mariage; or, pour nos répondantes la durée de l'union actuelle (mariage ou union de fait) est de sept ans en moyenne. Et pour celles qui ont déjà vécu une séparation, la durée du mariage se situait autour de six ans. La durée de l'union des non-mères volontaires ne semble donc pas être un facteur pouvant expliquer l'absence d'enfant, puisqu'au Canada la naissance d'un premier enfant survient habituellement au cours des cinq premières années du mariage (Miller, 1987). De plus, les femmes de cette enquête n'ont pas une vie matrimoniale plus instable que les Québécoises en général, puisque la durée des unions se soldant par une séparation, se situe autour de cinq ans.

ORIENTATION SOCIO-SEXUELLE

Dans notre enquête, 81 % de répondantes se définissent comme hétérosexuelle, 14 % comme homosexuelle ou lesbienne et 4 % comme bisexuelle. Le pourcentage de lesbiennes dans notre échantillon s'accorde au taux estimé (de 10 à 20 % de la population) dans les études portant sur les sexualités (Bell & Weinberg, 1980; Hite, 1981).

DEGRÉ DE SCOLARITÉ

À l'instar des recherches antérieures, nous retrouvons un haut taux de scolarité chez ces femmes. En effet, quatre répondantes sur cinq ont fréquenté une institution scolaire post-secondaire, plus de la moitié ayant étudié à l'université (tableau 6).

Au Québec, les non-mères sont donc cinq fois plus nombreuses que l'ensemble des femmes à avoir atteint un niveau universitaire, puisqu'en 1981 seulement 11 % des Québécoises fréquentaient l'université. Par contre, le pourcentage de celles ayant terminé leurs études collégiales se compare dans l'ensemble à celui des Québécoises (Messier, 1984, p. 58).

Ce sont les répondantes célibataires et les conjointes de fait qui détiennent le plus haut niveau d'éducation. Inversement, les femmes mariées ou ayant été mariées sont les répondantes les moins scolarisées de notre échantillon. Nous retrouvons le même profil pour la population féminine du Québec: en 1981, les femmes vivant hors famille étaient les Québécoises les plus scolarisées (Messier, 1984).

Tableau 6

Degré de scolarité

Niveau d'étude	Nombre	%
Secondaire	60	15,3
Collégial	88	22,5
Universitaire		
Certificat	60	15,3
Baccalauréat	129	33,0
Maîtrise	47	12,0
Doctorat	7	1,8

Ce résultat est tout de même surprenant, puisque nous ne pouvons difficilement expliquer la scolarisation moindre des femmes mariées par le poids des charges maternelles. À moins qu'elles aient pensé lors du mariage être mères ultérieurement, ajustant ainsi leur comportement à leur planification future.

Il faut se demander aussi, si le mariage n'apparaît pas aux femmes comme étant une façon d'améliorer leur statut socio-économique, sans avoir à réaliser une ascension personnelle par le biais d'une activité professionnelle demandant une scolarisation avancée (de Singly, 1982).

PARTICIPATION AU MARCHÉ DU TRAVAIL, TYPE D'EMPLOI OCCUPÉ ET REVENU

La majorité des femmes de cette enquête (88 %) étaient sur le marché du travail en 1986: 63 % occupaient un emploi à temps plein, 18 % à temps partiel et près de 8 % étaient en chômage (tableau 7).

À la même époque, le taux d'activité des femmes québécoises était de 50 % (Gouvernement du Québec, 1987). Nos répondantes ont donc un profil d'activité plus d'une fois et demie supérieur à celui des Québécoises dans leur ensemble. Cet écart ne surprend pas puisque à part une différence entre les groupes d'âge, la plus grande variation du taux d'activité des femmes est fonction de la scolarité et du nombre d'enfants, ces caractéristiques n'étant pas indépendantes l'une de l'autre (Rochon, 1989).

La différence entre les taux de participation au marché du travail peut s'expliquer aussi par le fait que nos répondantes étant plus scolarisées, elles occupent des secteurs d'emploi moins précaires et moins sujets aux arrêts de travail saisonniers. Par ailleurs, les interruptions d'emploi liées aux tâches domestiques sont peu fréquentes chez les femmes sans enfant, non-mères et femmes dont les enfants ont quitté le foyer (Kempeneers, 1987).

Tableau 7

Participation au marché du travail

Participation à la main-d'œuvre	Nombre	%
Temps plein	245	62,7
Temps partiel	69	17,7
Chômage	30	7,7
Ass. sociale	10	2,5
Ménagère t. plein	9	2,3
Étudiantes	21	5,4
Retraitées	4	1,0
Autres	3	0,7

Par ailleurs, pour les femmes ayant un emploi, les pourcentages de travailleuses à temps plein (78 %) et à temps partiel (22 %) se compare à l'ensemble des Québécoises au travail, puisqu'ils se situaient respectivement à 77 et 23 % en 1986. La proportion de chômeuses était, pour sa part, près de deux fois moindre que le taux de chômage de la population féminine, se situant à 11,6 % en 1986 (Gouvernement du Québec, 1987). Soulignons, enfin, que le taux de femmes (3 %) recevant de l'aide sociale était trois fois moins élevé puisqu'en 1986, environ 10 % de la population était prestataire de l'aide sociale au Québec[2] (Gouvernement du Québec, 1986).

Les femmes de cette enquête occupent majoritairement des emplois de type professionnel, mais la plupart se retrouvent dans des secteurs traditionnellement féminins, c'est-à-dire le travail administratif, la santé, les sciences sociales et l'enseignement (tableau 8). Comparativement à l'ensemble des Québécoises, elles sont plus nombreuses à travailler dans les domaines de l'enseignement, des sciences sociales et de la santé, ainsi que dans les arts et la littérature. Par contre, elles sont moins présentes dans le travail administratif, les services hôteliers et personnels, la vente, les industries de transformation et de fabrication. Plus scolarisées, ces femmes délaissent donc les secteurs d'emploi qui ne requièrent souvent qu'une formation professionnelle de niveau secondaire.

Tableau 8

Comparaison des secteurs d'emploi des répondantes et de la population féminine active au Québec*

Secteurs d'emploi	Nombre	%	Québec % 1981**
Propriétaires d'entreprise	1	0,3	—
Ménagères temps plein	5	1,3	—
Directrices, administratrices	15	3,9	3,8
Sciences naturelles, génie et math.	13	3,4	1,2
Membres du clergé	—	—	0,4
Enseignantes	48	12,4	6,6
Sciences sociales	67	17,3	1,8
Médecine et santé	78	20,1	8,3
Arts et littérature	45	11,6	1,4
Sports et loisirs	—	—	—
Travail administratif	97	25,0	33,2
Vente et commerce	4	1,0	7,8
Services	10	2,6	13,1
Agriculture, horticulture et élevage	2	0,5	1,1
Personnel forestier	1	0,3	0,0
Industries de transformation	1	0,3	2,2
Fabrication et montage	1	0,3	7,6
Autres	—	—	11,5

*   Catégories tirées de la Classification Canadienne des professions: Emploi et Immigration Canada, 1985.

** Messier, S. (1984). *Les femmes ça compte* (Réédition de Chiffre en main), Québec: Gouvernement du Québec, p. 92.

Les répondantes travaillant à temps plein gagnaient en moyenne entre 20 000 et 25 000 $ en 1986 (tableau 9), alors qu'au Québec, le salaire moyen des travailleuses à temps plein se situait, à la même époque, à 15 409 $. Remarquons également que seulement 21 % des non-mères avaient un revenu de 10 000 $ et moins, contrairement à 45 % des Québécoises ayant un emploi à cette époque. De plus, une répondante sur trois gagnait plus de 25 000 $, cette proportion étant deux fois plus élevé que pour l'ensemble des Québécoises, puisque 14,9 % d'entre elles seulement avaient un revenu de 25 000 $ et plus (Statistique Canada, 1986).

Tableau 9

Revenu annuel

Revenus	Nombre	%	% (cumulatif)
5 000 et moins	25	6,5	6,5
5 000-10 000	55	14,2	20,7
10 000-15 000	41	10,6	31,3
15 000-20 000	58	15,0	46,3
20 000-25 000	72	18,6	64,9
25 000-30 000	58	15,0	79,8
30 000-35 000	33	8,5	88,4
35 000-40 000	22	5,7	94,1
40 000 et plus	23	5,9	100,0
Aucun	5	1,3	—

PRATIQUE RELIGIEUSE

La presque totalité des répondantes (99 %) sont catholiques de naissance, mais seulement 16 % ont une pratique religieuse actuellement. Au Québec, depuis les années 70, la fréquentation des services religieux est en chute libre. Il est toutefois difficile d'obtenir des statistiques précises sur le comportement religieux de Québécois-es, puisqu'il n'y a pas eu d'étude exhaustive sur ce phénomène depuis une vingtaine d'années. On évalue cependant, qu'en moyenne, 30 à 60 % de la population a une certaine pratique religieuse[3]. Notons au passage que la fréquentation de l'Église varie selon le sexe, l'âge et le lieu de résidence. Les femmes sont généralement plus pratiquantes que les hommes, les personnes âgées plus que celles nées après-guerre et finalement les Québécoises vivant en régions rurales plus que les citadines.

Bref, les femmes de notre enquête seraient moins pratiquantes que l'ensemble des Québécoises. Cette caractéristique de notre échantillon n'est pas unique, d'autres recherches l'ayant aussi identifié; en particulier chez les femmes protestantes (États-Unis: Bram, 1975: Gustavus et Henley, 1971; Canada: Veevers, 1973).

VALEURS FÉMINISTES

Désirant savoir si la décision de ne pas avoir d'enfant était liée d'une façon ou d'une autre au mouvement des femmes, nous avons demandé aux répondantes de préciser leur engagement face au féminisme (consulter l'annexe 1, question 54 pour une définition des catégories utilisées).

La presque totalité des participantes se disent féministes: 70 % s'identifient comme féministes modérées et une sur cinq comme radicales (tableau 10). Le croisement des données indique que les lesbiennes sont, en général, plus radicales que les hétérosexuelles et les célibataires plus que les femmes mariées. En effet, 43 % des lesbiennes et 26 % des célibataires se caractérisent comme radicales comparativement à 16 % des hétérosexuelles et 11 % des femmes mariées.

Le lien entre l'allégeance au mouvement féministe et le choix de la non-maternité n'est pas une caractéristique unique à notre échantillon, puisque certaines études américaines ont pris en considération cet indicateur et établi une relation similaire sans toutefois qualifier le degré d'allégeance au mouvement des femmes (Biaggio, Mohan et Baldwin (1985); Bram (1978); Gerson (1984) et Houseknecht (1978)).

Tableau 10

Allégeance au féminisme

Identification au mouvement des femmes	Nombre	%
Pas du tout	15	3,8
Un peu féministe	20	5,1
Féministe modérée	106	27,1
Féministe radicale modérée	170	43,5
Féministe radicale	80	20,5

Il me paraît raisonnable d'affirmer que l'identification au féminisme a un rapport avec la décision de ne pas avoir d'enfant. Non parce que le mouvement des femmes aurait préconisé la non-maternité mais parce que le féminisme a critiqué les conditions de vie faites aux femmes, aux mères en particulier, et qu'elles ont remis en cause les postulats qui sous-tendent la «nature féminine», donnant ainsi aux femmes la possibilité de se définir autrement que comme mères.

EN RÉSUMÉ

Les femmes qui ont participé à cette étude sont pour la plupart âgées de 35 ans et moins. Très peu pratiquantes, elles sont célibataires ou vivent en couple depuis environ sept ans et elles se définissent comme féministes. Elles habitent dans toutes les régions du Québec, mais principalement dans les centres urbains où elles travaillent ou étudient.

Ces femmes sont plus scolarisées que la moyenne des Québécoises et participent davantage au marché du travail. Elles occupent surtout des emplois de type professionnel dans les secteurs traditionnellement féminins. Et finalement, elles ont un revenu supérieur à l'ensemble des travailleuses au Québec.

Plus de la moitié des répondantes proviennent de familles d'au moins 5 enfants et un grand nombre d'entre elles sont des aînées ou des cadettes de familles nombreuses. On peut donc présumer qu'elles ont été influencées dans leur décision par leur vécu et leur conscience de l'impact des grandes familles sur la vie des femmes: grossesses nombreuses portées à terme plus par devoir que par désir, dépendance économique de leur mère, impossibilité pour celle-ci de mettre un terme à un rapport conjugal insatisfaisant, pauvreté, etc. Tout comme leur consœurs qui auront moins d'enfants que les générations précédentes, les non-mères paraissent bien décidées à ne pas faire comme leurs mères.

Plus scolarisées les femmes sans enfant ont la possibilité d'occuper des postes offrant du prestige ainsi qu'une rémunération plus élevée. Elles parviennent donc plus facilement à dépasser les conditions socio-économiques de la majorité des femmes. Inversement, on peut interpréter ces données comme une preuve supplémentaire que les mères demeurent pénalisées par leur travail maternel et domestique.

Je n'oserais généraliser ce portrait des non-mères à l'ensemble des femmes qui choisissent de ne pas avoir d'enfant. Cependant la comparaison avec les données du dernier recensement (1986) confirme que plusieurs caractéristiques des répondantes de mon échantillon ne sont pas si éloignées de la réalité. En effet, tout comme les non-mères de cette étude-ci, les femmes qui n'avaient pas encore eu d'enfant en 1986, sont scolarisées, travailleuses salariées et majoritairement célibataires ou conjointes de fait.

Notes

1.   Cette catégorie inclut aussi les femmes en relation stable mais qui, pour diverses raisons, ne cohabitent pas avec leur partenaire.

2.   Ce pourcentage inclut les hommes, les femmes et les enfants.

3.   Le chiffre de 30 % a été avancé par Mme Marie-Andrée Roy, professeure au département de théologie de l'UQAM, et celui de 60 % est le résultat d'un sondage réalisé par la firme Léger et Léger (*Journal de Montréal*, le 15 mai 1988).

COMMENT S'EST
PRISE LA DÉCISION?

Actualiser une intention de ne pas avoir d'enfant ne va pas de soi, semble-t-il. Cette décision implique pour la plupart des femmes concernées une période de réflexion échelonnée sur plusieurs années. Elles ont généralement vécu leur phase de questionnement dans l'isolement, surtout parce que la société aborde rarement de manière positive l'intention de ne pas avoir d'enfant. Les répondantes m'ont confié combien elles étaient heureuses qu'on s'intéresse aux non-mères volontaires, puisque c'était enfin reconnaître leur existence, et surtout reconnaître que la maternité puisse faire l'objet d'un libre choix et n'être plus considérée comme l'indiscutable destin de chaque femme.

J'explorerai, dans ce chapitre, quelques-uns des facteurs entourant la prise de décision: Dans quel contexte l'ont-elles prise, en parlent-elles à leur entourage immédiat, à quel âge ont-elles commencé à penser à ne pas avoir d'enfant, et quand ont-elles pris leur décision et enfin, jusqu'à quel point leur engagement dans cette voie est-il irréversible?

LE DÉBUT DE LA RÉFLEXION
ET LA PRISE DE DÉCISION FINALE

La notion même de décision que j'ai employée dans mon questionnaire, c'est-à-dire une décision consciente, rationnelle, prise à un moment précis de la vie, n'a pas fait l'unanimité chez les répondantes. Pour certaines femmes, la non-maternité est davantage le résultat d'un «cheminement» intuitif et inconscient, la rationalisation et la verbalisation étant souvent bien difficile.

> «Ce n'est pas une décision telle quelle. C'est un état que j'ai toujours vécu.»

> «Le choix des gars avec qui j'étais, des bébés eux-mêmes avec qui ça n'allait pas, assurait que je n'allais pas décider d'avoir un enfant d'eux. Donc sans "décider", mon inconscient guidait mon choix.»

> «Ma démarche ne fut pas rationnelle, mais plutôt à partir d'intuitions. Je ne crois pas avoir décidé un matin que je n'aurais jamais d'enfant. Il y a dans ma vie des éléments souterrains à explorer.»

> «Vers 23-24 ans, je me suis rendue compte un bon matin que je n'aurai pas d'enfant. Pourquoi? c'est vague, je crois que j'ai juste pas le goût d'être mère. Toute cette décision n'est pas rationnelle mais intuitive, je ne comprends pas et ce n'est pas grave car de toute façon, je n'ai pas non plus de bonnes raisons pour faire un enfant. »

Plusieurs répondantes ont cru bon d'inverser les termes de la question, renversant ainsi la logique qui la présupposait. La non-maternité volontaire ne relèverait pas selon elles d'une décision en soi, mais découlerait de leur style de vie et du monde dans lequel nous vivons. Pour d'autres, la décision à prendre est celle d'avoir un enfant et non l'inverse:

> «Je n'ai pas pris cette décision, je crois que la décision à prendre est celle d'avoir des enfants.»

> «La réponse fondamentale vient la plupart du temps du fond des tripes, il est difficile avec ces quelques questions de cerner vraiment toute la problématique. La vie se charge souvent de répondre à votre place. Je ne trouve pas ça sain de mettre un enfant au monde en 1986 même si je les adore.»

C'est en moyenne entre 16 et 25 ans que la majorité des femmes de cette étude ont pensé pour la première fois à ne pas avoir d'enfant: 45 % affirment y avoir pensé avant 20 ans, et 18 % avant l'âge de 15 ans. De plus, 10 % disent n'avoir jamais voulu d'enfant (tableau 11).

Comme nous le verrons dans le prochain chapitre, les femmes motivent différemment leur décision, selon leur âge et leurs conditions de vie respectives. Toutefois, pour plusieurs, l'arrivée des mentruations, les premières relations hétérosexuelles ou une grossesse non désiré ont été les événements déclenchant la réflexion sur la possibilité de ne pas être mère.

Il semble qu'il soit plus facile de nos jours de s'imaginer non-mère. En effet, 63 % des femmes âgées de 30 ans et moins ont songé avant 20 ans à cette possibilité, tandis que c'est seulement 40 % des 31 ans et plus qui y pensait à cet âge.

En général, les répondantes hétérosexuelles ont commencé leur processus de réflexion un peu plus tard que les lesbiennes. En effet, une femme hétérosexuelle sur six a pensé pour la première fois avant 15 ans à ne pas enfanter, contrairement à une sur quatre chez les lesbiennes. De plus, trois fois plus d'hétérosexuelles que de lesbiennes (22 contre 7 % respectivement) ont pensé pour la première fois après 25 ans à ne pas devenir mère, et deux fois plus de lesbiennes que d'hétérosexuelles (20 contre 10 % respectivement) disent n'avoir jamais voulu d'enfant.

Nous pouvons nous demander si, pour les lesbiennes, le fait de vivre une autre pratique socio-sexuelle permet de prendre plus aisément une distance face au modèle de femme-mère proposé dans notre société, ou inversement, si la distance prise face à la maternité n'a pas influencé leur choix de style de vie.

Habituellement, plus les femmes ont envisagé à un jeune âge la possibilité de ne pas être mère, moins elles ont vécu d'hésitations lors de la prise de décision finale, et moins elles perçoivent de désavantages à la non-maternité.

Pour ce qui est de la prise de décision, elle se situe généralement entre 26 et 30 ans; cependant, 26 % disent l'avoir pris
avant 20 ans et 19 % après 31 ans (tableau 11).

Tableau 11

Âge de la première réflexion sur le sujet
et âge lors de la décision finale

Âge	Première réflexion		Décision finale	
	Nombre	%	Nombre	%
15 ans et −	69	17,9	20	7,0
16 - 20 ans	103	26,8	53	18,7
21 - 25 ans	95	24,7	63	22,2
26 - 30 ans	61	15,8	78	27,5
31 ans et +	12	3,1	54	19,0
Jamais voulu	37	9,6	14	4,9
Moment non précis	8	2,1	2	0,7

La période entre la première réflexion et la prise de décision s'échelonne habituellement sur cinq ans. Toutefois, l'âge
auquel les répondantes ont considéré la possibilité de ne pas être
mère influe sur la longueur de ce processus. En effet, plus les
participantes étaient jeunes quand elles ont réfléchi à cette éventualité plus elles ont pris leur décision rapidement.

L'approche de la trentaine est donc un moment crucial pour
cette décision, puisque comparativement à 25 ans, où près de
70 % des femmes auront pensé à ne pas être mère et 48 % auront
décidé à cet âge de ne pas avoir d'enfant, à 30 ans, 85 % auront
songé à ne pas avoir d'enfant et les trois quarts auront déjà pris
une décision à ce sujet.

Les données montrent également que certaines femmes
désirant avoir des enfants, ont finalement opté pour la non-
maternité après avoir reporté à quelques reprises l'éventualité

d'une maternité. En effet, un cinquième des femmes ont pris leur décision de cette façon.

> «De 15 à 36 ans, j'y ai pensé de temps à autre, mais en remettant toujours à plus tard, car je n'avais pas envie. Puis à 36 ans, j'ai constaté que j'étais bien sans enfant et là ce fut clair que jamais je n'en voudrais. Ma décision ne fut pas rationnelle, mais sentie avec certitude. »

Il semble que l'âge auquel les femmes commencent à s'interroger sur leur désir d'enfant influe sur la manière dont sera prise la décision. En effet, plus les répondantes ont pensé tardivement à ne pas avoir d'enfant, plus leur décision a été prise suite à de nombreuses hésitations qui remettaient constamment la maternité à une date ultérieure.

Les femmes qui ont pris une décision de non-maternité suite à ces nombreux reports dans le temps, se distinguent par le fait qu'elles ont plus souvent négocié leur décision avec un ou une partenaire. En effet, 21 % l'ont négocié comparativement à 9 % pour celles qui ont pris leur décision sans remise à plus tard. Elles ont aussi pris leur décision plus fréquemment durant une union, 77 % comparativement à 41 % pour les autres. Finalement, 68 % ont été influencé dans leur choix par le genre d'arrangement qui prévalait dans leur couple, tandis que, seulement 40 % de celles qui n'ont pas pris leur décison de cette façon, affirment que le partage des tâches a joué un rôle dans leur décision.

LA DÉCISION ET L'ENTOURAGE

Je traiterai ici des différents aspects qui caractérisent la façon dont s'est prise cette décision, à savoir: ont-elles décidé seules ou l'ont-elles négociée avec un ou une partenaire, à l'intérieur ou à l'extérieur d'une union? En parlent-elles ouvertement à leur entourage, subissent-elles des pressions en faveur de la maternité?

Ont-elles pris leur décision seules?

La majorité des répondantes (88 %) ont pris seules leur décision de ne pas avoir d'enfant. Généralement, plus les répondantes ont commencé tôt leur réflexion sur leur désir d'enfant, plus elles ont pris une décision de façon individuelle.

Parmi celles-ci, plus de la moitié l'ont prise avant une union, 41 % pendant leur union et 8 % après une séparation.

«J'ai toujours considéré que c'était une décision qui ne regardait que moi, en amour avec des hommes ou pas.»

«J'ai pris ma décision seule, mais j'ai beaucoup discuté avec mon conjoint actuel sur les raisons et la pertinence d'une telle décision.»

Seulement 12 % des femmes ont pris leur décision conjointement avec leur partenaire. Dans certains cas, c'est le conjoint qui a initié la discussion, dans d'autres, c'est la femme qui a abordé le sujet. Certaines répondantes auraient aimé que le conjoint complète aussi un questionnaire puisque pour elles, c'était une décision de couple.

Les non-mères, qui vivent en couple depuis au moins six ans, sont celles qui ont le plus consulté leur conjoint face à leur intention. Les lesbiennes sont, quant à elles, les répondantes qui ont le moins négocié leur choix de non-maternité.

La plupart des femmes ayant consulté leur conjoint ont quand même eu le dernier mot sur la question. Dans plusieurs cas, le conjoint n'était pas nécessairement en accord avec la décision.

«Ma décision de ne pas avoir d'enfant n'a pas été prise sur un coup de tête, mais réfléchie. C'est un choix de vie personnel et mon conjoint n'est pas nécessairement d'accord avec moi. Je l'ai consulté mais c'est moi qui ai fait le choix. Si c'était à refaire, je choisirais la même chose. Ça fait 5 ans et je n'ai jamais regretté. Ma relation de couple est très stable et satisfaisante.»

Ont-elles pris leur décision dans le cadre d'une union conjugale?

La moitié des non-mères ont pris une décision pendant une union, l'autre moitié hors d'une union, 44 % avant une union et 6 % après une rupture.

> «À chaque année, moi et mon conjoint on remet ce sujet sur la table, on en discute et on conclut toujours la même chose, c'est-à-dire pas d'enfant.»

> «J'ai pris ma décision seule et avant mon mariage; j'en ai toutefois parlé avec mon conjoint avant de me marier.»

> «Lors de ma prise de décision définitive, je vivais avec un époux-enfant-joueur et playboy, très à l'aise financièrement, nous avions une vie sociale active et luxueuse. Un enfant ne pouvait être heureux dans un contexte de vie mondaine et aussi active. Je considérais que je serais bien trop seule pour avoir et éduquer un enfant. Pour moi ça se vit à deux et non en solo. Ce fut déterminant et définitif dans mon esprit et mon corps. Je n'en ai aucun regret et ce fut vite relégué aux oubliettes.»

> «Après avoir mis un terme à une union de fait ayant duré 9 ans, me retrouvant seule, j'ai décidé de régler une fois pour toutes la question de la contraception en me faisant faire une ligature.»

Cependant le cadre de la prise de décision n'est pas toujours aussi clairement repérable. Certaines ont débuté leur questionnement pendant une relation mais opté pour une décision seulement après la rupture. D'autres y pensaient avant d'être en relation et elles ont pris leur décision pendant ou après la cohabitation. Tandis que d'autres, encore, se reposent périodiquement la question.

> «J'ai vécu une union de fait et j'ai pris ma décision suite à des expériences et des réflexions accumulées pendant et après cette relation.»

> «Je ne désirais pas avoir d'enfant avant mon union, mais la décision ferme fut prise durant l'union.»

Généralement, plus les répondantes vivent en couple depuis longtemps, plus il y a de chance que cette décision ait été prise à l'intérieur de ce cadre. Il semble que la décision de non-maternité, surtout lorsqu'elle est prise à un jeune âge, ait eu une influence sur le type d'arrangement marital ainsi que sur le choix du conjoint lui-même. En effet, plusieurs participantes affirment ne pas s'être mariées pour cette raison.

«En choisissant de ne pas avoir d'enfant, j'ai aussi choisi de ne pas me marier, sachant inconsciemment qu'une fois mariée, il me serait peut-être difficile de persister dans cette décision de non-maternité.»

D'autres soutiennent qu'elles n'auraient jamais été en relation ou n'auraient jamais cohabité avec un conjoint si celui-ci avait désiré un enfant.

«Je n'aurais jamais habité avec Pierre s'il avait désiré avoir un enfant. Au lieu de me dire: "Je veux avoir un enfant mais je verrai plus tard quand je le voudrai", je me disais: "Je ne veux pas avoir d'enfant mais je verrai dans cinq ans si j'en désire". Comme Pierre pensait la même chose que moi, nous nous sommes toujours bien entendus. À 25 ans, 27 pour Pierre, comme beaucoup de gens qui font un point dans leur vie, j'ai décidé de regarder la réalité en face et j'ai pris ma décision. Pierre, qui partage ma décision, serait même prêt à se faire opérer si je lui en faisais la demande, son opération étant moins compliquée que la mienne.»

Pour certaines répondantes, le désaccord face à l'intention et à la décision de non-maternité a provoqué la rupture du couple.

«J'ai paniqué le jour de mon mariage, j'avais l'impression de faire une erreur. Je savais à ce moment que je ne voulais pas d'enfant. La mère de mon mari me parlait tellement des enfants que je paniquais, mais ensemble mon mari et moi, on en n'avait jamais parlé. Ça allait de soi, pour lui qui venait d'une famille très traditionnelle. Cinq ans plus tard, on s'est parlé sérieusement et on s'est séparé car il voulait des enfants. J'ai préféré le laisser refaire sa vie.»

«Lorsque j'ai pris la décision de ne pas avoir d'enfant, c'était beaucoup pour ne pas mener le même vie que ma mère. Un conjoint à l'époque m'a quittée pour cette raison.»

«J'ai toujours su que je ne voulais pas d'enfant; mais par amour pour mon mari, j'ai été tentée un jour d'en avoir un, pas pour moi, pour lui. J'ai finalement préféré la séparation et 12 ans après, je peux dire que j'avais raison.»

Alors que dans d'autres cas, les conjoints avaient, soit déjà choisi la non-paternité, et les répondantes concernées déclarent ne pas avoir été difficile à convaincre, soit que ces derniers les ont appuyées facilitant ainsi leur prise de décision.

«Mon conjoint n'a jamais voulu d'enfant. Je n'ai pas été difficile à convaincre car je n'avais jamais vraiment désiré d'enfant, son attitude m'a simplement aidé à prendre une décision définitive. Je le remercie d'avoir eu les arguments pour m'aider à prendre une décision finale. Il en fallait pour équilibrer tous les arguments que la tradition et la société nous inculquent dès la petite enfance. Les hommes et les femmes subissent un véritable lavage de cerveau au sujet de la nécessité d'avoir des enfants. L'influence de l'église catholique, de ses prêtres et religieuses était plus visible il y a 20-25 ans. Mais le pape actuel chante encore la même chanson. Je crois qu'il conviendrait plus d'encourager certains couples à avoir plusieurs enfants, plutôt que d'influencer tous les couples à en avoir un ou deux.»

L'annoncent-elles et en parlent-elles à leur entourage immédiat?

En général, les femmes qui ont choisi de ne pas avoir d'enfant avertissent leur entourage de leur décision. Elles en parlent le plus souvent avec les amis ou amies (97 %), ensuite avec les sœurs (84 %), les collègues de travail (82 %), les mères (75 %), les frères (74 %), les pères (62 %), les médecins (60 %) et finalement, seulement 39 % des employeurs en sont informés. Quant aux femmes vivant en union, 96 % d'entre elles parlent de leur décision à leur conjoint. Tandis que la belle-famille en sera avisée dans à peu près 70 % des cas.

Plus les femmes considèrent que leur décision est définitive, plus elles l'expriment ouvertement à leur entourage.

Toutefois, plusieurs répondantes mentionnent qu'elles n'abordent pas directement cette question, laissant leur mode de vie parler en quelque sorte pour elles. Certaines estiment qu'il y a un grand pas à franchir entre penser à ne pas vouloir d'enfant et pouvoir le dire sans détour. Cette réticence à exprimer leur choix s'expliquerait par l'incessante justification qu'on leur impose et les jugements qu'on porte sur elles.

«À cause des pressions sociales et de la "normalité" pour un couple d'être parent, j'ai mis du temps à accepter le fait que, définitivement, je ne voulais pas d'enfant et que j'étais assez à l'aise dans ma décision pour le dire et en discuter ouvertement avec quiconque».

«Jusqu'à récemment, j'avais un sentiment de culpabilité lorsque je me retrouvais dans un groupe dont la plupart avait des enfants. C'est fini maintenant, je me dis qu'ils doivent respecter ma décision comme je respecte la leur».

«Les gens nous regardent comme des êtres suspects et ne comprennent pas nos idées sur la maternité. J'ai souffert au début de cette pression constante de devoir expliquer mes raisons alors qu'une femme qui veut des enfants n'a jamais à le faire.»

«Je commence à être capable d'assumer le fait que je dérange et que je devrai me justifier si je dis que je ne veux pas d'enfant, et surtout que je me suis faite ligaturer pour cette raison-là. Pourtant, des fois je me surprends à dire que je ne peux pas avoir d'enfant, d'ailleurs, maintenant c'est rendu vrai.»

«Ce que je déteste le plus, c'est de me faire demander (et cela arrive souvent) "As-tu des enfants?" La réaction de surprise des gens me désarme toujours, je me sens anormale. Les gens ne savent plus quoi dire après. La maternité est presque obligatoire dans notre société lorsque tu es mariée.»

Ont-elles subi et subissent-elles encore des pressions?

La question des pressions sociales a suscité un grand nombre de commentaires de la part des femmes. Plus du tiers des répondantes ont illustré leurs réponses en évoquant le discours tenu par l'entourage et par les différentes institutions sociales.

> «Je crois qu'à partir du moment où tu fais partie d'un couple, une certaine pression venant de la société fait que tu désires un ou deux enfants. Tes sœurs, tes belles-sœurs, tes amies, tes compagnes de travail ont des enfants et tu te dis "il est temps que j'y pense". Tu embarques, tu fais comme les autres, tu fais un ou deux petits. Si c'est pas ça, c'est la pression de l'âge, tu fais un ou deux petits avant d'être trop vieille. Un ou deux parce qu'aujourd'hui c'est ça la majorité. C'est la belle image sociale deux enfants.»

La majorité des femmes ont subi des pressions de la part d'une personne significative de leur entourage, ou du moins, ont subi des remarques désobligeantes à un moment ou l'autre de leur vie[1]. Les personnes qui émettent le plus de commentaires sont: les amis ou amies (41 %), les collègues de travail (39 %), les mères (31 %), les pères (21 %), les médecins (20 %), les sœurs (17 %), les frères (15 %) et finalement les patrons (8 %).

> «Je me sens souvent marginale dans le contexte social actuel du fait que je n'ai pas d'enfant et que je n'en désire pas. Les amis et les collègues le font souvent remarquer. Même le gynécologue m'a demandé si je vivais avec un homme qui avait des enfants.»

> «Ce que j'ai trouvé le plus difficile, c'est de faire face aux affirmations de certaines personnes avec qui j'étudiais. Pour elles, parce que je ne voulais pas d'enfant, je n'étais pas une vraie femme, je n'avais pas l'instinct maternel, ce qui, suppo-

sément, n'était pas normal. Je niais ma féminité. J'ai été quelque temps sans dire que je n'en voulais pas, je dois l'avouer, parce que j'étais étiquetée et que je me sentais presque coupable de ne pas en vouloir.»

«J'ai eu une amante lesbienne qui désirait un enfant (...) comme nous étions toutes les deux impliquées politiquement, la discussion autour de ce sujet était très animée. Je n'ai jamais autant subi de pression face à la maternité.»

Pour les femmes en couple, c'est 26 % des conjoints qui exercent une certaine pression face à la maternité. Dans la belle-famille, ce sont les belles-mères (35 %) et les belles-sœurs (30 %) qui émettent le plus de commentaires, suivies par les beaux-pères (25 %) et les beaux-frères (20 %).

«Ma belle-mère a un système de valeurs qui repose sur le fait que tu es une bonne personne si tu as eu des enfants. J'ai subi de sa part, pendant des années, un jugement sévère, elle ne m'acceptait pas et démontrait une nette préférence pour ses brues qui en avaient.»

«Quand je parle avec la famille de mon ami actuel, on me dit que je suis égoïste de ne pas donner la vie. Je leur demande pourquoi et ils me disent que je suis lâche. Bonne raison selon eux. De plus, ajoutent-ils, ils n'auront pas de petits enfants à minoucher. À ce moment-là je leur dis que c'est eux qui sont égoïstes. Ils finissent par abandonner (ils n'ont pas le choix).»

Ce sont les femmes encore indécises et peu à l'aise dans leur décision qui perçoivent le plus de pressions, tandis que les autres qui ont pris une décision plus définitive sont davantage blindées.

Pour certaines, le mot pression est un peu fort, elles préfèrent parler de sous-entendus, d'allusions, de commentaires émis par l'entourage lors de conversations. Les arguments les plus souvent employés sont les suivants: «Tu manques une belle expérience», «Tu seras seule lors de ta vieillesse» et «Tu es égoïste» (tableau 12).

D'autres commentaires m'ont également été rapportés: les remarques de la belle-famille qui veut «gâter» un petit-fils ou qui a peur que la lignée du fils s'éteigne; des observations sur l'enfant qui stabilise et solidifie le couple, qui équilibre et donne un sens à la vie maritale, etc. L'entourage invoque aussi la survie de la société, celle de la race blanche devenant minoritaire et celle du peuple québécois en danger d'extinction. L'entourage blâme parfois l'ambition professionnelle, voire le féminisme, ou bien, fait valoir qu'elles n'ont pas encore rencontré l'Amour de leur vie.

D'autres personnes croient que c'est le devoir de tout «bon catholique» d'avoir des enfants, et que de ne pas en avoir, c'est contre nature. Certains commentaires remettent en question la pertinence même d'une réflexion sur le désir d'enfant: «Si tout le monde retournait autant la question que toi, personne n'aurait d'enfant»; «Si tes parents avaient pensé comme toi, tu ne serais pas là»; ou alors, «Que va devenir la société si toutes les femmes pensent comme toi.»

Plusieurs répondantes affirment que ce sont les femmes de leur entourage qui réagissent le plus souvent négativement à leur choix de non-maternité. Tandis que pour d'autres, ce sont les hommes qui sont les plus intolérants.

> «J'ai parfois l'impression que mon choix confronte les mères et les futures mères et c'est là qu'elles commencent à essayer de me convaincre que c'est une belle expérience.»

> «Une femme qui décide de ne pas avoir d'enfant et qui n'en a pas, est perçue comme étant marginale. Les autres femmes sont plus tolérantes et approuvent souvent cette décision. Les hommes, cependant, réagissent souvent comme si on était atteint d'une maladie, on dirait qu'ils ne peuvent pas comprendre cette décision.»

Tableau 12

Arguments invoqués par l'entourage

Expressions	Oui souvent %	Non %
Tu seras seule lors de la vieillesse	49,6	21,6
Tu ne seras jamais une «vraie femme»	22,1	52,2
Tu es égoïste	39,2	28,8
Tu es immature	8,4	72,4
Tu manques une belle expérience	65,5	11,2
Ta lignée va s'éteindre	17,7	60,2

Nombreuses sont les femmes affirmant que les pressions se manifestent souvent de façon indirecte et impersonnelle. Elles prendraient la forme d'un conditionnement social et familial vécu depuis l'enfance, et seraient véhiculées par les médias et les diverses institutions de notre société. Certaines ont clairement mis en évidence la présence d'un conditionnement à la maternité.

«La maternité étant a priori une donnée en soi, on semble prendre pour acquis que les femmes ne doivent et ne peuvent pas s'en affranchir, et ce autant pour des raisons biologiques, sociales, émotionnelles, familiales, démographiques, productivistes, locales, personnelles, existentielles, spirituelles, de santé mentale, etc. Subitement, toutes les raisons sont bonnes pour argumenter en faveur de la "colonisation" de ce pouvoir magique. Le libre arbitre des femmes en ce domaine auquel on serait en droit de s'attendre n'est pas si évident. Alors, il n'est pas surprenant que les femmes qui refusent la maternité soient un jour ou l'autre confrontées à toute l'éthique entourant la maternité.»

«N'ayant eu personnellement, qu'occasionnellement des pressions directes de mon entourage immédiat, ce sont les pressions sociales subtiles qui ont été les plus déplaisantes. Aucune femme, je crois, n'échappe complètement à la pression sociale qui veut qu'une femme désire naturellement, pour ne pas dire instinctivement, avoir des enfants. Une femme sans ce désir étant une "femme manquée", pas normale, égoïste. Une femme sans enfant ne sera jamais un "être réalisé". Comme si être femme ne suffisait pas pour être considéré comme un être humain complet par lui-même. Ces préjugés sociaux suintent de partout autour de nous, on n'y échappe pas.»

Pour la majorité des femmes, les pressions exercées, bien qu'elles soient difficiles à supporter, n'impliquent pas pour autant une remise en cause de leur décision de non-maternité lorsqu'elle est définitive.

«Consciemment, rationnellement, ces arguments ne m'atteignent que très peu. Mais conditionnement hétérosexiste oblige, je suis certaine que ça me rentre dedans, veut veut pas.»

«Les pressions externes de la société m'ont fait sentir à plusieurs reprises que je veillais seulement à mes intérêts personnels en n'ayant pas d'enfant. Les jugements sont sévères de la part des gens qui n'ont pas fait de réflexion sur l'obligation d'avoir des enfants. Ces pressions sociales n'ont toutefois pas eu d'influence sur mon choix de non-maternité.»

«On a beau être blindée, cela finit toujours par nous avoir à l'usure, car nous restons une minorité dans une majorité de femmes qui se valorisent par la maternité. Et, malgré les acquis du féminisme, l'idée que la femme est née pour avoir des enfants est loin d'avoir évolué. Je crois même que cela va rester au palmarès de l'humanité pendant encore un bon bout de temps car cela justifie et légitime tellement de choses.»

Ceci dit, il est raisonnable de penser que les pressions sociales à la maternité ont un impact réel sur les femmes qui sont encore ambivalentes face à la maternité. Une recherche sur les femmes qui ont hésité avant d'avoir un enfant, pourrait mettre en lumière les effets de tels discours.

À l'inverse, dans notre échantillon, une seule femme a mentionné la présence de pressions en faveur de la non-maternité.

«J'ai subi des pressions pour ne pas avoir d'enfant de la part de mes parents, surtout de mon père. J'ai toujours été assez rebelle, et j'ai eu des problèmes de santé physique et mentale qui sont maintenant réglés. Mes parents sont divorcés, ont-ils eu peur que je répète leur erreur?»

Et quelques répondantes, seulement, affirment reçevoir un encouragement de la part de leur entourage. Certains milieux ou certaines personnes sont donc plus ouverts au choix de la non-maternité.

«Je n'ai jamais subi de pressions à la maternité ou au mariage venant de ma famille. Deux de mes tantes qui sont au courant de ma décision m'ont même encouragée. Rien d'étonnant à cela, je viens d'une famille où les hommes sont très minoritaires et le taux de natalité relativement bas. J'ai eu plusieurs modèles de femmes qui ont fait leur vie hors de la maison ou qui ont tenu des rôles habituellement tenus par des hommes. De plus, n'ayant pas de fils, mes parents ont tenu à ce que j'aie des intérêts très diversifiés, ils m'ont aussi encouragée à réussir tout ce que j'entreprenais. Je ne crois pas qu'ils n'aient jamais regretté l'absence de fils.»

«Je commence à avoir de l'approbation lorsque je dis que je n'aurai pas d'enfant. Je sens même parfois de l'envie de la part de mes tantes qui me désapprouvaient au début. On me dit "Dans le fond, tu es bien comme cela." "Ça coûte cher les enfants." "Tu fais bien, si cela était à refaire, je ferais comme toi."»

«Quand j'ai commencé à travailler on me regardait avec de grands yeux quand je répondais que je n'avais pas d'enfant parce que je n'aimais pas les enfants. Aujourd'hui, beaucoup m'appuient, j'ai même des compagnes de travail qui disent regretter d'avoir eu des enfants.»

Dans notre société, on présume généralement que les femmes mariées auront des enfants, et que les célibataires s'en abstiendront. C'est pourquoi les pressions à la maternité pour les femmes célibataires s'exercent surtout par le biais d'incitations à se marier. Dans notre enquête, près de la moitié des répondantes affirment avoir déjà subi des pressions à se marier, et une sur six déclare en subir encore.

> «Ma famille ne m'a pas vraiment incitée à avoir des enfants, on s'inquiétait plutôt parce que je n'avais pas de chum. On trouvait anormal que je vive seule. Lorsque j'en ai présenté un officiellement, on a poussé un soupir de soulagement.»

> «J'ai surtout senti une énorme pression à me marier, pas tellement d'avoir des enfants. Il semble que là où j'ai vécu (il y a 20 ans), il fallait être mariée pour avoir des enfants. Pousser une célibataire à avoir des enfants, on en était tout de même pas rendu là!»

> «J'ai 26 ans et depuis l'âge de 18-19 ans, on ne me parle que de mariage, de maison, d'enfant, etc... Pour moi, la vie ce n'est pas ça, je veux vivre une vie sans enfant, sans chum "steady"; peu importe que je sois seule lorsque je serai vieille. De toute façon, il y aura toujours quelqu'un à mon écoute.»

Pour d'autres femmes, les pressions prennent la forme d'une non-reconnaissance de leur choix par le biais, par exemple, de jugements sur leur présumé manque de maturité.

> «Ce n'est pas un choix acceptable pour certaines personnes, elles disent "c'est parce que tu n'as pas rencontré le bon gars ou que tu es infertile". Ça dérange énormément de dire que tu as choisi la non-maternité, que tu as réfléchi à cette décision.»

> «J'ai la certitude que ma famille pense que si je ne suis pas mariée et que je n'ai pas d'enfant, c'est à cause des circonstances et non à cause d'un choix».

> «On me dit que je suis trop jeune pour faire une telle affirmation, que le goût me viendra sans doute plus tard. J'aurai bientôt 25 ans!»

> «Malgré le fait qu'on affirme notre désir de non-maternité, les gens ne semblent pas le prendre au sérieux et demeurent dans l'attente d'une éventuelle grossesse. La société n'est pas encore prête à accepter cette réalité de non-reproduction.»

«J'ai finalement cessé de défendre mon point de vue lors de réunions sociales, car on ne fait que me répondre que je n'ai pas assez vécu et qu'un jour je ressentirai le besoin d'être une "vraie femme".»

Bref, la décision de ne pas avoir d'enfant n'est pas considérée comme valable par une partie de l'entourage. Ces personnes tentent de les convaincre de faire au moins un enfant et les incitent à mettre en question les raisons de leur non-désir d'enfant. Ces attitudes nous démontrent que la reproduction est encore perçue par une partie de la population comme ne relevant pas d'un choix individuel mais d'une obligation, d'une dette envers la société ou d'un devoir auquel les femmes doivent se soumettre.

Les témoignages de ces femmes nous permettent de déceler la présence de deux niveaux d'incitation. Le premier se situe au cœur même de la socialisation des filles et existe principalement sous la forme d'une puissante norme sociale qui associe la femme à la mère et la maturité psychologique à la maternité: pour être une «vraie femme», il faudrait passer par la maternité.

L'autre niveau d'incitation entre en action lorsque cette norme est reprise directement par l'entourage immédiat des femmes qui tardent à avoir des enfants ou qui affirment ne pas en vouloir. Toute une panoplie de préjugés et de stéréotypes est alors invoquée par l'entourage, souvent prompt à étiqueter ou culpabiliser. Toutes les raisons semblent bonnes pour inciter les femmes à avoir des enfants. On invoque la solitude lors de la vieillesse, les manques affectifs causés par l'absence d'enfant, la précarité des unions sans enfant, etc. Et, à court d'argument, on va jusqu'à prophétiser qu'elles le regretteront un jour.

Il n'est pas étonnant que la famille soit l'institution qui émet le plus de pressions à la conformité. Le milieu familial est non seulement le lieu privilégié de la socialisation, c'est-à-dire l'endroit où une personne apprend les normes et les valeurs sociales en vigueur, mais la famille est aussi le noyau sur lequel repose l'édifice social. Toute dérogation à la norme est ainsi rapidement perçue comme une menace à l'ordre établi.

LA DÉCISION A-T-ELLE ÉTÉ FACILE À PRENDRE?

L'intention de ne pas avoir d'enfant, on le devine aisément, n'est pas toujours facile à actualiser. Plusieurs répondantes ont eu des hésitations lors du processus de décision, certaines ont même ressenti de la culpabilité lorsqu'elles ont considéré sérieusement la possibilité de ne pas avoir d'enfant. D'autres se demandent encore, si le doute n'existera pas toujours quelque part en elles.

Ont-elles vécues des hésitations? De quel ordre?

Six femmes sur dix soutiennent avoir éprouvé des hésitations lorsqu'elles ont décidé de ne pas devenir mères, 23 % affirme en avoir eu de modérément à beaucoup. Les femmes qui ont le moins hésité sont les répondantes qui ont pris leur décision à un jeune âge. Par contre, celles qui expriment le plus de doutes sont évidemment les indécises (28 %) ainsi que les non-mères qui ont pris une décision à la suite de remises à plus tard de la maternité.

Certaines répondantes affirment avoir ressenti l'essentiel de leurs hésitations lors d'une confrontation à une grossesse non planifiée, ou lorsqu'elles ont pensé à la stérilisation comme mesure contraceptive.

Les réticences les plus fréquemment mentionnées sont «La peur de le regretter plus tard», «La peur d'être égoïste», «La peur de se retrouver seule lors de la vieillesse» et «La peur de décevoir le ou la conjointe» (tableau 13).

Il est intéressant de noter ici que les craintes les plus citées sont aussi les arguments les plus souvent invoqués par l'entourage pour essayer de les convaincre d'avoir au moins un enfant (tableaux 12 et 13). La présence de ces incertitudes nous indique que même les femmes sans enfant volontairement intériorisent les différents discours sur les conséquences de la non-maternité véhiculés dans notre société.

Soulignons que plus du quart des répondantes ont complété le choix de réponses proposé en y annexant leurs réflexions personnelles. Certaines de leurs hésitations étaient liées à l'appréhension de passer à côté de l'expérience de la grossesse ou de la maternité.

> «La grossesse est le privilège des femmes et je voulais vivre ce privilège-là, mais je ne me suis jamais sentie prête, disponible pour le contrat à vie que représente un ou une enfant.»

> «La fameuse expérience unique que seules les femmes peuvent vivre, le corps fait pour cette si merveilleuse chose qu'est la "fabrication" d'un enfant. Cette merveille qu'est l'évolution, la survie de l'espèce, j'allais passer à côté?»

> «J'avais peur de passer à côté d'une expérience unique et d'éprouver plus tard un manque, un vide que la vie professionnelle peut compenser mais ne peut combler.»

D'autres préoccupations touchaient à la relation affective privilégiée avec un enfant ainsi que le contact avec le monde de l'enfance.

> «Mes hésitations face au refus de la maternité ne provenaient pas d'un sentiment, d'une peur quelconque, alimentée par mon environnement. Le fondement de mes incertitudes résidait plutôt dans la crainte de me voir coupée tout au long de ma vie d'un rapport aux enfants et à leur "monde". Puisque les enfants sont encore largement la propriété privée d'un couple dans notre société, je savais que prendre une telle décision impliquerait l'établissement d'une "frontière" entre le monde des enfants et le mien. J'avais de la difficulté à accepter que nous deviendrions deux entités distinctes qui se regardent de loin et dont les possibilités d'échange seraient très minces.»

Pour certaines, la peur d'être jugées et marginalisées à la suite de leur décision de non-maternité constituait le nœud de leurs craintes.

Tableau 13

Hésitations vécues au cours du processus de décision

«Les peurs»	Oui Modérément-beaucoup %	Non %
De ne pas être une "vraie femme"	11,6	79,0
De le regretter plus tard	43,6	19,0
D'être égoïste	23,2	49,6
D'être seule lors de la vieillesse	23,0	51,5
De décevoir les parents	10,9	69,5
De décevoir le ou la conjointe	15,9	70,3
D'être immature	12,5	75,9
De perdre mon ou ma conjointe	7,5	81,6

«Ayant beaucoup d'amies qui ont des enfants, j'ai le sentiment de ne pas être sur la même longeur d'onde par moment avec elles. J'ai l'impression d'être marginalisée. On me juge trop souvent sans responsabilité et sans problème parce que je n'ai pas d'enfant.»

«Plus j'approche de la trentaine, plus je me sens obligée d'expliquer mon choix. C'est la chose qui me dérange le plus à l'aube de mes 30 ans. (...) J'ai peur que les gens s'éloignent de moi en pensant que je n'aime pas les enfants et les gens, ce qui est loin d'être le cas. Je ne me perçois pas comme une personne égoïste et superficielle, je ne voudrais pas que les gens qui m'entourent me considèrent comme ça.»

Pour d'autres, ce désir sporadique était plutôt associé à des périodes d'insatisfaction dans leur vie.

«Lors de mes hésitations, je me suis rendue compte que mes perspectives d'emploi comme anthropologue avaient quelque chose à voir avec mon désir ou mon non-désir de maternité. En effet, pendant un certain temps, je suis retournée à l'enseignement des mathématiques à temps partiel puisque je n'avais plus de bourses d'études. Je me suis imaginée, à cette époque, que je devais me résigner à continuer d'enseigner les mathématiques, même après l'obtention de mon doctorat en anthropologie. J'ai eu alors, le goût de faire un enfant afin de "meubler" ma vie plate. Mais par la suite, dès que j'ai entrevu de meilleures perspectives d'emploi comme anthropologue, mon désir d'enfant s'est abruptement atténué. Il fallait me rendre à l'évidence que "faire un enfant" équivalait dans une certaine mesure à remplir une vie terne et monotone.»

D'autres femmes ont dû remettre en cause le conditionnement même à la maternité avant de se sentir à l'aise avec leur décision.

«J'essayais de comprendre ce qu'un enfant peut apporter à une femme, si cela était nécessaire pour moi de vivre une maternité.»

«Je me sentais comme "obligée" d'avoir des enfants, j'étais confrontée à tout ce qui est véhiculé par la société, à savoir qu'une vraie femme c'est fait pour avoir des enfants. J'avais l'impression que ça allait de soi d'être mère lorsqu'on est femme, même si je ne ressentais pas du tout le désir de mettre au monde des enfants».

Et finalement, pour quelques-unes, les hésitations se rapportaient au marché du travail: elles craignaient de ne pas être prises au sérieux au travail si elles n'étaient pas mères.

«J'avais peur de ne jamais passer pour une femme sérieuse. Je croyais qu'éventuellement ça me ferait tort dans mon travail.»

«Une mère est bien respectée dans notre société et dans ma famille. Si j'étais mère, je gagnerais plus de respect dans ma carrière, je crois. L'image d'une mère qui travaille est plus positive que celle d'une femme célibataire qui travaille et qui ne veut pas avoir d'enfant.»

Appréhendent-elles des désavantages à leur choix?

Plus de la moitié des femmes ne perçoivent aucun désavantage à leur style de vie sans enfant, cependant, 44 % des répondantes en perçoivent certains. Celles-ci ont surtout mentionné: «Le manque de contact avec les enfants»,«Ne pas avoir la satisfaction d'avoir élevé ses propres enfants» et «La solitude lors de la vieillesse» (tableau 14). On remarquera ici que les non-mères les plus mal à l'aise par rapport à leur décision sont celles qui perçoivent le plus de désavantages.

Tableau 14

Désavantages associés à la non-maternité

Désavantages	*Oui Modérément et très vrai* %	*Non* %
Solitude lors de la vieillesse	25,5	45,6
Interruption de la lignée	6,5	75,9
Manque de contact avec les enfants	34,5	45,3
Pas eu la satisfaction d'avoir élevé ses propres enfants	28,8	48,8

Des commentaires émis par les femmes m'ont permis de compléter cette liste. Elles font référence au fait de ne pas pouvoir donner la vie, de ne pas pouvoir se connaître en tant que mère, de ne pas avoir le sentiment de se perpétuer et de ne pouvoir transmettre son expérience ainsi que son matrimoine.

«Je ne connais ni l'émerveillement de la vie qui grandit en soi, ni la joie de donner naissance. Il me manque aussi le sens de la perpétuité, c'est-à-dire faire et donner en fonction des suivants, bâtir pour le futur et le pouvoir de léguer mon savoir et mes biens.»

Pour certaines, les désavantages perçus ont surtout trait à l'absence de relation privilégiée et de longue durée avec un enfant.

«Je n'aurai pas connu l'expérience de la maternité. Les contacts avec les enfants me manquent, j'aurais aimé vivre cette relation privilégiée avec un enfant. Connaître et approfondir le rapport de confiance avec un enfant. Être celle qui guide, qui transmet, qui éduque. Aider un petit être à se former, à se développer, à devenir un être sain et mature. Veuiller sur quelqu'un de plus petit, de vulnérable. Le voir grandir, l'accompagner à travers son cheminement et mettre à sa disposition tout ce qu'il y a de meilleur en moi.»

Tandis que pour d'autres, c'est le fait de devoir toujours puiser l'énergie en soi-même.

«Il y a le fait d'être toujours forte pour soi-même et non pour les autres. Aussi, un certain réconfort qu'on peut avoir ou chercher chez les enfants et qu'il faut trouver en soi ou ailleurs, ç'est essoufflant par moment.»

De façon générale, les répondantes considèrent qu'il y a plus d'avantages que de désavantages à la non-maternité (nous présenterons les avantages dans le prochain chapitre). Toutefois plusieurs d'entre elles mentionnent que les modes de vie avec ou sans enfant sont deux réalités difficilement comparables. Au lieu de parler de bénéfices, elles préfèrent parler de styles et de conditions de vie découlant de leur choix.

Se sentent-elles à l'aise avec leur décision?

Le deux tiers des femmes affirment être très à l'aise dans leur décision, 29 % se disent à l'aise et seulement 6 % déclarent être mal à l'aise. C'est donc la très grande majorité des femmes sans enfant qui témoignent de leur bien-être face à cette décision.

«On ne peut pas se sentir coupable de ne pas avoir d'enfant lorsque l'on sait que ce ne serait pas bénéfique ni pour soi, ni pour l'enfant. Il y a beaucoup trop d'enfants non désirés qui sont malheureux et qui gardent les marques de l'ambiguïté de leurs parents le restant de leur vie.»

«Cette décision que j'ai prise il y a quelques années, fait quelques fois sursauter les gens (surtout des femmes), quand je décide d'en parler. J'ai l'impression que cela peut déséquilibrer quelqu'un qui n'a jamais osé penser qu'elle pouvait avoir le choix. Plusieurs femmes se sentent incomplètes sans enfant. Pour ma part, je me sens très en paix avec cette décision, je dois ajouter que j'aime beaucoup les enfants et la riche spontanéité dont ils font preuve. Je suis en fait une excellente tante, marraine et fière de l'être mais très épanouie de ne pas être mère.»

«Quand allons-nous féliciter celles qui décident de ne pas se marier, de ne pas avoir d'enfant, de ne pas acheter une maison, de ne pas devenir boss, de ne prendre le même chemin que tout le monde quoi. C'est difficile de toujours marcher à contre-courant. Mais pour moi, c'est la voie du bonheur, de la réalisation, de l'épanouissement, de la liberté, de l'implication, de l'amélioration de certaines conditions de vie des femmes.»

«La culpabilité est forte lorsqu'on fait ce choix: culpabilité face à soi-même, face au conjoint et face à la famille. Je me demande si le doute face au choix n'existe pas toujours à l'intérieur de nous.»

Le degré de bien-être face au choix de ne pas avoir d'enfant est influencé directement par la fermeté de leur décision. En effet, 79 % des répondantes qui ont pris une décision définitive sont très confortables avec celle-ci, comparativemnt à 38 % pour les femmes encore ambivalentes.

Plus les femmes sont âgées, plus elles sont très à l'aise quant à leur décision. En effet, avant 30 ans, 57 % d'entre elles sont très à l'aise dans leur décision, alors qu'après 35 ans, c'est 83 % qui l'affirment. Le degré d'aise face à la décision varie également en fonction de l'orientation socio-sexuelle. En effet, 84 % des lesbiennes sont en paix avec leur choix, comparativement à 63 % pour les répondantes hétérosexuelles.

Il ressort également que les femmes les plus à l'aise sont celles qui ont pris leur décision seules. Par contre, les non-mères les moins à l'aise sont les répondantes qui disent subir des pressions pour se marier, et celles qui ont pris leur décision à la suite de remises à plus tard de la maternité.

LEUR DÉCISION EST-ELLE IRRÉVOCABLE?

Près du trois quarts des participantes (72 %) affirment que leur décision de ne pas avoir d'enfant est définitive, 20 % pensent sérieusement ne pas avoir d'enfant, et 8 % sont incertaines face à l'issu de leur réflexion. C'est donc dire que près de trois répondantes sur dix sont ambivalentes face au choix de la non-maternité.

Plus elles ont pensé tôt à ne pas avoir d'enfant, plus leur décision est irrévocable. La fermeté de la décision augmente aussi avec l'âge. En effet, à 25 ans, 58 % des répondantes avaient pris une décision ferme, tandis qu'à 36 ans, 84 % avaient pris une telle décision. En ce qui a trait à l'orientation socio-sexuelle des répondantes, 89 % des lesbiennes ont pris une déci-sion finale de non-maternité, comparativement à 70 % pour les hétérosexuelles.

Une trentaine de femmes, encore incertaines, se sont allouée une période de deux ans, cinq ans ou plus pour prendre une décision.

> «Dans mon cas, il n'y a pas eu à proprement parler de véritable processus de prise de décision. Compte tenu de mon âge (23 ans), je peux me permettre assez facilement de penser à ne pas avoir d'enfant. Je crois que le véritable moment de décision viendra dans une dizaine d'années, lorsque je n'aurai plus la possibilité de remettre la maternité à plus tard. En ce moment, je ne pense pas modifier mon choix. Plutôt que de penser à ne pas avoir d'enfant, je n'ai plutôt jamais pensé à en avoir un.»

Le fait d'avoir pris une décision finale est important pour plusieurs femmes. La fermeté de leur décision permettrait de tracer les lignes directrices de leur vie et d'arrêter de se remettre en question toutes les fois que, dans l'entourage immédiat, une femme accouche. Elles affirment être ainsi en mesure de répondre plus efficacement aux remarques de leurs proches.

Quelques-unes, aussi, prennent la décision de ne pas avoir d'enfant pour la remettre en question durant les dernières années de fertilité. Ces interrogations surgissent quelques fois à la suite d'une nouvelle relation amoureuse, ou bien parce qu'une sœur ou une amie a eu un enfant.

> «Vers 34-35 ans, j'ai un peu paniqué de ne pas avoir d'enfant. J'ai donc abordé un beau mâle intelligent et rieur et je lui ai demandé s'il était intéressé à faire un bébé à une femme sans engagement de sa part. Heureusement, il m'a répondu qu'il n'était pas un étalon (j'avais dû bien le choisir inconsciemment). Par après, je me suis rendue compte que je ne pouvais pas faire un bébé juste comme ça, pour faire comme tout le monde.»

Toutefois, pour la majorité, le désir d'enfant est apparu de façon passagère et la plupart du temps, les répondantes n'ont pas posé les gestes nécessaires à sa concrétisation.

Indices permettant d'évaluer la fermeté de leur décision

Combien de femmes ont affirmé à un moment ou l'autre de leur vie «Je ne veux pas d'enfant» et se retrouvent mères quelques années plus tard? La méthode la plus fiable pour vérifier si le choix de ne pas avoir d'enfant est plus qu'une décision temporaire, aurait été soit, de ne considérer que les femmes sans enfant volontairement ayant terminé leur période de fertilité biologique, ou ayant opté pour la stérilisation, soit de faire une étude longitudinale.

Dans le contexte d'une étude exploratoire, une question demeure: avons-nous rejoint, dans cette recherche, une population de non-mères qui persisteront dans leur décision? Nous ne pouvons en avoir la certitude évidemment, mais afin de m'assurer que l'intention manifestée était plus qu'un souhait, j'ai cherché à mesurer l'engagement des répondantes face à leur décision. Pour ce faire, j'ai vérifié si les répondantes avaient mis en place certaines conditions pour que cette intention et cette décision s'actualisent.

J'ai considéré, comme indices de cet engagement, l'utilisation de méthodes contraceptives, la possibilité de recourir à l'avortement pour une grossesse non-désirée et l'éventualité de solutions de remplacement à la maternité biologique. Et enfin, je leur ai posé directement la question de la réévaluation possible de leur décision.

Utilisent-elles un moyen contraceptif?

Près de 80 % des hétérosexuelles de l'enquête ont recours à un moyen de contrôle des naissances. Dans 77 % des cas, la méthode contraceptive choisie est «dure[2]» (tableau 15). Parmi les répondantes affirmant n'avoir aucun moyen contraceptif (17 %), plusieurs ont souligné la fin de leur période de fertilité, tandis que d'autres ont mentionné avoir des relations sexuelles sans pénétration, ce qui a pour effet de pondérer quelque peu le taux de femmes n'utilisant aucune forme de contraception.

La ventilation des données par état civil indique que les femmes en union libre (66 %) utilisent davantage les méthodes contraceptives (stérilisation exclue) que les femmes mariées (47 %) et les célibataires (45 %). Tandis que la comparaison des méthodes contraceptives utilisées par catégorie d'âge révèle qu'elles privilégient la pilule comme moyen contraceptif avant 30 ans[3]. Après cet âge, la stérilisation volontaire devient la méthode la plus populaire.

Toutefois, plusieurs femmes disent hésiter à poser un tel geste, et cela pour différentes raisons. Certaines se réservent ainsi la possibilité de changer d'avis.

> «Pour moi la décision de ne pas avoir d'enfant est finale. Cependant, je suis consciente que dans quelques années il se pourrait que je change d'avis. On change d'avis même à 30 ans. Je ne vois pas ce qui pourrait me faire changer d'avis, mais

avant de prendre une décision drastique comme la stérilisation, je me donne du temps.»

«Je ne veux pas poser de geste radical comme la ligature, je ne veux pas dans ma vie être radicale. J'ai besoin de souplesse, je veux pouvoir changer ma décision si je change d'idée, et ce n'est pas seulement relié à la non-maternité.»

Tableau 15

Moyens contraceptifs utilisés

Contraceptifs	Oui %
Méthodes dures	
Pilule anovulante	27,3
Stérilet	9,5
Stérilisation	35,1
Vasectomie du partenaire	4,9
Méthodes douces	23,2
(gel, mousse, condom, diaphragme, cape cervicale, température, retrait, etc...)	

Dans cette enquête, plus de trois femmes sur dix et un conjoint sur quatorze ont opté pour la stérilisation.

«Mon mari a réglé la question quelques années avant moi, il s'est fait faire une vasectomie car il ne voulait pas d'enfant. Je me suis faite ligaturer quand même à 27 ans, parce que je voulais régler cela avec mon corps une bonne fois pour toute. Je n'ai jamais voulu d'enfant et je ne peux pas concevoir, visualiser, imaginer un enfant dans mon ventre. C'est une véritable agression.»

C'est parmi les femmes ayant déjà été mariées que nous retrouvons le plus haut taux de stérilisation. De façon générale, cette méthode contraceptive est choisie plus souvent par les répondantes qui proviennent de familles de 5 enfants et plus, ainsi que par les non-mères qui ont déjà eu un avortement.

Pour les femmes en union libre ou mariées, le choix de la vasectomie pour le conjoint a souvent été motivé par le désir de partager la responsabilité contraceptive, assumée jusque-là par elles. Toutefois, la demande de stérilisation de l'un ou l'autre des conjoints de couples sans enfant ne va pas de soi. Le médecin demande souvent de prolonger la période de réflexion avant de consentir à l'opération.

> «Mon mari ne voulait pas d'enfant lui non plus. Il a eu la vasectomie et ça été sa décision. Nous sommes aller voir le médecin trois mois après le mariage mais le médecin nous a retourné en nous disant de réfléchir 1 an. Nous en avons jamais reparlé et lorsque l'année était presque finie, nous avons repris rendez-vous avec le médecin. Cette fois-là il a respecté notre volonté.»

Les femmes qui ont choisi cette opération l'ont fait pour en finir avec la contraception et les risques de grossesses non désirées ainsi que pour matérialiser la décision prise depuis un moment. La demande de stérilisation, pour les femmes sans enfant non mariées, ne semble ni plus facile ni plus difficile à obtenir que celle des couples sans enfant.

> «N'étant pas satisfaite des méthodes de contraception courantes, j'ai songé pendant plusieurs années à demander à mon médecin d'avoir recours à une ligature des trompes. Je craignais cependant de me voir refuser l'intervention. Lorsque j'ai enfin entrepris des démarches en ce sens, j'ai dû me montrer très persuasive pour convaincre le médecin de la fermeté de ma décision.»

> «Dans mon cas, ça été une longue remise en question, j'étais très révoltée contre mon corps, je ne pouvais pas utiliser de moyens contraceptifs, j'avais un cycle très irrégulier (entre 22 et 70 jours). À chaque relation c'était la panique. En 1981 (à 31 ans), il a fallu que je me batte avec le corps médical, mon médecin de

famille et mon gynécologue ne voulant pas. J'ai passé par la clinique de planning, j'ai vu un travailleur social et lui, il a respecté ma décision. Ce processus a pris, en tout, 9 mois à se réaliser, comme une grossesse...»

La fréquence des actes stérilisants chez les répondantes n'est cependant pas plus élevée que la moyenne québécoise. En effet, 40 % des couples en âge d'avoir des enfants ont eu recours à la stérilisation contraceptive au Québec, et si les tendances observées se maintiennent, près de 70 % des femmes opteront pour cette forme de contraception avant la fin de leur période de fertilité. Notons toutefois qu'au-delà de 80 % des femmes stérilisées ont eu au moins 2 enfants, et la fraction de celles qui n'ont eu aucun enfant est d'environ 4 % (Marcil-Gratton, 1987).

Se feraient-elles avorter?

Pour 87 % d'entre elles, l'avortement est un recours acceptable en cas de grossesse. Une répondante sur cinq a d'ailleurs déjà eu au moins un avortement.

«La volonté de ne pas avoir d'enfant a toujours été présente en moi même à l'adolescence. Je suis devenue enceinte deux fois par accident, à 22 ans et à 32 ans. Les deux fois, j'ai eu recours à l'avortement thérapeutique et j'ai éprouvé un immense soulagement.»

La ventilation des données selon l'état civil indique que les femmes mariées (80 %) envisagent moins l'avortement en cas d'échec contraceptif que les célibataires (89 %) ou que les cohabitantes (91 %). Les femmes qui se marient sont peut-être un peu plus «traditionnelles», ce qui expliquerait qu'elles considèrent moins l'avortement. À moins que les pressions en faveur de la maternité soient plus fortes envers les femmes mariées. N'oublions pas que la coutume veut que les couples se marient généralement pour fonder une famille.

Envisagent-elles des alternatives à la maternité biologique?

Plus de la moitié des femmes (56 %) n'ont jamais songé à des solutions de remplacement à la maternité biologique. Cependant, pour 40 % des non-mères de cette étude, l'adoption serait une alternative acceptable si elles désiraient un enfant et qu'il était biologiquement trop tard.

Plus les répondantes sont jeunes, plus elles prévoient des solutions de remplacement à la maternité biologique dans l'éventualité où elles changeraient d'avis. L'adoption leur apparaît ainsi comme une possibilité envisagée temporairement au cours de leur cheminement décisionnel, en particulier lorsqu'elles ont moins de 30 ans.

Certaines femmes (4 %), sans pour autant désirer être mère ou adopter, ont développé un lien privilégié avec un enfant de leur entourage: en étant en relation avec des hommes ou des femmes qui sont parents, en «marrainant» un enfant dans le besoin, en devenant «grandes-sœurs» ou en servant de foyer d'accueil occasionnel.

> «Je ne désire pas d'enfant, je ne veux pas être mère mais je désire une relation privilégiée avec un enfant, une relation d'un autre type que parent-enfant. J'ai besoin de contact avec un enfant. C'est ce que je vis avec l'enfant d'une amie et ça me satisfait énormément.»

> «Refusant de jouer au jeu bureaucratique, absurde et onéreux de l'adoption, j'ai plutôt songé au marrainage d'une fillette haïtienne de famille monoparentale vivant au-dessous du seuil de pauvreté. Je réglais du même coup deux problèmes: celui de la maternité à temps plein que j'estime trop lourde tant qu'il n'y aura pas un support social satisfaisant, mais aussi celui d'apporter une aide à des enfants déjà au monde et qui sont dans le besoin. Je comblais aussi mon désir d'avoir des contacts privilégiés avec une enfant en particulier. (...) D'autre part, une telle expérience me permettait d'être solidaire avec une femme immigrante en la soulageant quelque peu de sa charge maternelle.»

«Je m'occupe, depuis septembre 1985, d'une nièce prise en charge à 12 ans. Elle est pensionnaire la semaine et vit chez moi les fins de semaine. Cela lui réussit très bien et à moi aussi.»

La non-maternité volontaire n'exclut pas pour toutes ces femmes la présence d'un enfant dans leur vie. Toutefois, pour celles qui désirent une relation privilégiée avec un enfant, la durée, le moment, le genre de relation entretenue et souvent l'enfant lui-même font l'objet d'un choix clairement balisé.

Réévalueraient-elles leur décision? À quelles conditions?

Plus de la moitié des femmes (53 %) n'entrevoient pas de changer leur décision de non-maternité dans l'avenir, et ce même s'il y avait des transformations positives au niveau de leurs conditions de vie individuelles et collectives. D'autres (9 %) jugent qu'à cause de leur âge, il est trop tard pour réévaluer leur choix. Vingt-neuf pour cent d'entre elles pourraient réévaluer leur choix si elles se trouvaient dans des conditions idéales de maternité; tandis que certaines opteraient pour l'adoption (9 %) si jamais elles désiraient être mères.

Toutefois, seulement 17 % des non-mères dont la décision est ferme réexamineraient leur décision, comparativement à 61 % des répondantes encore indécises et 60 % pour celles qui pensent sérieusement à ne pas avoir d'enfant (tableau 16).

La comparaison des données par catégorie d'âge indique que plus les femmes sont âgées, moins elles sont prêtes à remettre en question leur décision. En effet, seulement 21 % des non-mères âgées de plus de 31 ans questionneraient leur choix dans de telles conditions, comparativement à 39 % pour leurs consœurs de 30 ans et moins.

De façon générale, la possibilité de réévaluer la décision de ne pas avoir d'enfant est considérée surtout par les non-mères qui ont pris leur décision à la suite de remises à plus tard de la maternité, par celles qui ont eu passablement d'hésitations durant le processus de décision, par celles qui sont plus ou moins confortables avec cette décision et enfin par celles qui ressentent des inconvénients à ne pas être mère.

Tableau 16

Remise en question de la décision selon le degré de fermeté

	Remise en question		Trop	Adoption
	Oui	Non	tard	
Fermeté de la décision				
Oui (72 %)	17,4	59,8	12,0	10,8
Non (8 %)	61,3	22,6	6,5	9,6
Pense sérieusement à ne pas avoir d'enfant (20 %)	60,0	32,0	2,7	5,3

Cependant, vouloir réexaminer cette décision ne signifie pas pour autant qu'elles enfanteraient. L'analyse de leurs témoignages indique que l'amélioration de leurs conditions de vie personnelle sont une condition nécessaire mais non suffisante: elles interpellent aussi l'organisation même de notre société, en particulier les conditions d'exercice de la maternité.

«Il faudrait une société qui a le respect de la vie, et à partir de cela tout serait plus facile. La maternité serait valorisée. On pourrait rester à la maison (homme ou femme) à éduquer nos enfants, en bénéficiant d'un salaire.»

«Si les femmes étaient reconnues comme des êtres à part entière, inévitablement les structures sociales seraient plus équitables pour tous et peut-être plus invitantes pour avoir des enfants.»

«Il faudrait le triomphe des idées écologiques, pacifiques et féministes incarnées par un parti politique démocratique élu et mis au pouvoir favorisant ainsi un meilleur épanouissement de l'être humain et un meilleur climat de vie pour tous.»

«Il m'apparaît essentiel que les valeurs de la société encourage le fait que la maternité et l'éducation des enfants ne soient pas une charge économique et émotive uniquement assumée par les femmes, et que cette responsabilité soit complètement partagée entre les femmes, les hommes et le gouvernement.»

«Pour moi, il n'y a pas de conditions idéales pour élever un enfant. Présentement, la maternité est globalement une forme d'appropriation et d'oppression des femmes. Je refuse d'y participer, d'en être victime et de reproduire la société hétéro.»

Mais dans quelles conditions concrètes certaines femmes remettraient-elles en question leur décision de ne pas avoir d'enfant? Le premier élément d'une longue liste, c'est la sécurité financière (63 %) obtenue par un travail stable, par des politiques sociales garantissant l'autonomie des femmes (équité salariale, congé de maternité sans perte d'ancienneté, etc.) et par la répartition des ressources financières entre les parents (salaire aux mères, allocations familiales non imposables, etc.). La stabilité du couple parental vient en second lieu (43 %), suivi du partage équitable des tâches domestiques, des responsabilités familiales et des soins aux enfants (35 %).

Les congés parentaux, les horaires de travail flexibles et des services de garde disponibles en tout temps, pris en charge par l'état et l'employeur, occupent le quatrième rang des préoccupations des répondantes (31 %). Un environnement sain et sécuritaire (18 %) et finalement, une société plus accueillante pour les enfants (12 %).

Bref, une société et des pères aussi responsables et impliqués dans l'éducation des enfants que les mères. Une société où les mères ne seraient pas pénalisées pour leur travail maternel et domestique et plus largement, une société non sexiste.

Nous retrouvons, d'ailleurs, un consensus chez les participantes quant aux conséquences de la maternité sur la vie des femmes. En effet, plus du trois quarts d'entre elles déclarent qu'avoir un enfant implique une double journée de travail pour la mère qui occupe un emploi, que les conditions et les horaires de travail ne sont pas aménagés pour faciliter l'éducation des enfants et que le travail qu'implique la maternité n'est pas reconnu socialement à sa juste valeur. De plus, elles considèrent que les femmes sont désavantagées financièrement sur le marché du travail (faibles salaires, emplois précaires, temps partiel, etc.). Soulignons par ailleurs, que la presque totalité des répondantes s'accordent sur la pertinence d'une valorisation sociale du modèle de la non-maternité au même titre que celui de la maternité.

En résumé

La question du non-désir d'enfant se pose à l'aube de l'an 2000 plus aisément qu'autrefois, particulièrement chez les jeunes femmes. Cette situation est sans doute liée à une plus grande accessibilité aux moyens contraceptifs, aux opportunités d'avoir d'autres sources de gratification ainsi qu'à une plus grande ouverture face aux styles de vie non axés sur la famille.

L'analyse du processus décisionnel de ces femmes révèle que le non-désir d'enfant est souvent présent dans leur conscience, longtemps avant qu'il ne prenne la forme d'une décision ferme et irrévocable.

Nos répondantes ont en effet pris en moyenne cinq ans pour évaluer leur situation et prendre une distance vis-à-vis du modèle de femme-mère proposé par notre société. La majorité a commencé à réfléchir à cette question au début de la vingtaine et pris une décision vers 30 ans. Dans l'ensemble, elles ont pris seules leur décision, sans avoir remis à plus tard l'éventualité d'une maternité et pour la moitié, hors de tout cadre conjugal. Les femmes sans enfant parlent ouvertement de leur décision, surtout lorsqu'elles considèrent que leur choix est définitif.

Elles indiquent, par ailleurs, que l'affirmation de leur décision engendre souvent des remarques désobligeantes de la part de l'entourage ou des pressions plus ou moins directes pour qu'elles repensent et renoncent à leur choix. La non-maternité volontaire est donc une option qui est loin de susciter une approbation ou une reconnaissance sociale équivalente à la maternité. Elle est souvent considérée, par l'entourage, comme une situation temporaire ou alors involontaire, c'est-à-dire liée à des problèmes de stérilité ou à l'absence de relation amoureuse significative.

Les femmes de cette enquête n'éprouvent pas toutes le même degré de confort avec leur décision, ni n'expriment la même fermeté face à leur choix. Si la majorité d'entre elles estiment avoir pris une décision ferme et se sentent en paix avec celle-ci, 28 % des répondantes par contre, demeurent encore ambivalentes, ce qui, surtout dans leur cas, pourrait conduire à une réévaluation de leur non-maternité.

Résolues ou hésitantes, il n'en demeure pas moins que la plupart des non-mères de cette enquête ont des pratiques qui tentent à renforcer leur orientation vers la non-maternité. En effet, la plupart utilise une contraception «dure», un bon pourcentage ayant même opté pour la stérilisation, presque toutes envisagent l'avortement comme solution à une grossesse non désirée, et la moitié ne cherche pas d'alternative à la maternité biologique. Enfin, plus de la moitié ne pense pas remettre en cause cette décision, peu importe l'évolution de leurs conditions de vie.

L'examen des facteurs entourant la prise de décision de ces femmes n'épuise pas pour autant toute la problématique de la non-maternité. Il reste à voir les motifs concrets qui sont à la base de leur choix.

Notes

1.   Les femmes sans enfant volontairement ne sont pas les seules à ressentir des pressions de la part de l'entourage et de la société en générale. En effet, bien des Québécoises infertiles intériorisent aussi ces mêmes pressions et développent un sentiment de culpabilité parce qu'elles ne peuvent correspondre à ce que la société attend des femmes (Ouellette, 1988).

2.   Au Québec, près de 9 couples contracepteurs sur dix utilisent une contraception dite «dure»: stérilisation, pilule et stérilet (Marcil-Gratton, 1988).

3.   Au Québec, même si 80 % des femmes affirment avoir déjà utilisé la pilule anovulante, son usage est majoritairement réservé aux jeunes femmes qui n'ont pas encore 25 ans (Marcil-Gratton, 1988).

POUR QUELLES RAISONS ONT-ELLES FAIT CE CHOIX?

La majorité des femmes ayant participé à cette enquête ont indiqué qu'il était difficile de cerner les raisons motivant leur non-maternité par le biais d'une question offrant un éventail d'énoncés. C'est pourquoi 70 % des répondantes ont commenté et complété d'elles-mêmes la liste qui leur était proposée. J'accorderai une place importante à leurs témoignages, parce qu'ils éclairent de façon prenante, autant par leur forme que par leur contenu, les fondements de leur décision.

La participation à cette étude a permis à plusieurs répondantes, de leur propre aveu, de clarifier leur position face à la non-maternité. Certaines ont, pour la première fois, écrit noir sur blanc les raisons qui sous-tendent leur choix. Pour plusieurs, le questionnaire est devenu un outil pour approfondir une réflexion déjà entamée.

Malgré leur désir de clarifier les raisons entourant leur décision, plusieurs femmes mentionnent qu'il leur est difficile de hiérarchiser et de rendre compte de tous les facteurs impliqués dans cette décision: il y aura toujours, selon elles, des aspects qui demeureront dans l'ombre.

Dans l'ensemble, les non-mères mentionnent plus d'un motif sous-jacent à leur intention de ne pas avoir d'enfant. L'analyse révèle que les raisons sont d'ailleurs souvent imbriquées les unes aux autres. Cet enchevêtrement se retrouve dans les témoignages qu'on lira tout au long de ce chapitre.

Les raisons ont pu évoluer au cours de la vie de ces femmes. Pour plusieurs d'entre elles, l'intention plus ou moins précise manifestée à l'adolescence était motivée par le désir d'affirmer leur indépendance face au milieu familial et la volonté de ne pas reproduire le même style de vie que leur mère. Après quelques années, cette intention s'est transformée en décision ferme, soutenue, cette fois, autant par les possibilités qu'offrent leur mode de vie actuel que par le désir d'échapper aux obligations et contraintes liées à la maternité.

Les raisons du non-désir d'enfant prennent leur source dans l'histoire personnelle des répondantes: les expériences vécues et les choix qu'elles ont posés tout au long de leur vie. La nature des arguments présentés indique que ces femmes posent un regard critique sur les conditions de vie faites aux femmes en général, et aux mères en particulier. L'évaluation qu'elles en font, se situe tant au niveau individuel que collectif. En ce sens, leurs propos se présentent largement sous la forme d'un discours féministe.

Dans ce chapitre, je présenterai l'éventail des motifs impliqués dans le choix de la non-maternité volontaire que j'ai regroupé en cinq grandes catégories: ceux liés à la perception de la maternité, aux projets personnels et professionnels, à la relation amoureuse, aux conditions économiques et, enfin, au contexte socio-politique.

Dans les quatre premières rubriques, les motivations se rattachent à la fois à une vision de la maternité perçue comme limitante, ainsi qu'aux possibilités que permet le choix de la non-maternité. La cinquième catégorie quant à elle, fait référence au refus de reproduire les structures dominantes, les inégalités et les déséquilibres qu'engendre notre type de société (dégradation de l'environnement, guerre, surpopulation, rapport de sexes, etc.): il s'agit donc ici d'une critique sociale plus globale et plus directement politique, interpellant les fondements même de la société.

LA PERCEPTION DE LA MATERNITÉ

Bien que ce bloc de raisons ne se classe globalement qu'au second rang en terme statistique, le nombre et le contenu des commentaires émis par les participantes sur leur perception de la maternité m'ont paru si importants qu'il m'a semblé légitime et plus logique aussi, de leur accorder la première place dans l'ordre d'exposition des motifs.

Étant donné la prégnance de l'image de la mère dans notre société et la valorisation de la maternité comme expérience nécessaire à la maturité des femmes, il n'est pas étonnant que les non-mères aient tant à dire sur le sujet. Nous verrons que le regard qu'elles portent sur la materntié peut tout à la fois relever de motivations d'ordre psychologique, souvent inconscientes, qu'exprimer une distanciation vis-à-vis des normes culturelles. Il semble bien que pour décider d'être mère ou non, il faille se situer à la fois par rapport à sa propre mère, à sa famille et à l'institution de la maternité, c'est-à-dire prendre position face aux modalités et conditions d'exercice de cette maternité.

«Je n'ai pas le goût d'être mère»

Près des trois quarts des participantes affirment ne pas éprouver le goût d'être mères. Parmi elles, certaines ont parlé d'absence de désir ou d'intérêt pour la maternité, tandis que d'autres indiquent ne pas avoir entendu l'appel du soi-disant instinct maternel.

«Je ne crois pas que c'est aussi naturel et inné d'être mère qu'on essaye de nous le faire croire. Je crois qu'on est apte à le devenir ou pas, comme on peut être une artiste de talent ou pas.»

«En fait, mon refus de maternité s'inscrit dans un refus global de la vie de mère = mariage = sécurité = dépendance = nombreux enfants mis au monde par soumission et sans choix personnel.»

Tableau 17

Les raisons: la perception de la maternité

Énoncés	Oui Modérément et très vrai %	Non %
(10) Je n'ai pas le goût d'être mère	72,5	16,7
(6) Élever une enfant implique trop de responsabilités	60,7	18,0
(8) Je ne veux pas élever un enfant seule	43,8	47,4
(11) J'ai peur de la grossesse et de l'accouchement	34,8	44,4
(1) Je n'aime pas les enfants	21,0	63,6
(2) Je ne ferais pas une bonne mère	30,1	50,9
(3) Il est biologiquement trop tard	10,9	80,3

Ce sont les plus jeunes femmes qui évoquent plus fréquemment leur désintérêt pour la maternité ainsi que celles provenant de familles nombreuses, en particulier les aînées et les cadettes.

La fréquence de cette réponse chez les aînées peut s'expliquer, comme je l'ai signalé précédemment, par le travail domestique et maternel qu'elles ont souvent assumé auprès de leurs frères et de leurs sœurs.

«Étant orpheline de mère depuis l'âge de 11 ans, j'ai aidé mon père à élever les plus jeunes chez moi. Après, j'ai aussi élevé le fils d'une de mes sœurs. Je pense que j'ai eu des responsabilités de mère trop jeune. Autrement dit, j'ai élevé les enfants des autres et je pense que je n'aurais plus la patience, ni la disponibilité pour élever mes propres enfants.»

«Quelque part dans ma décision, il y a un peu de cette expérience de maternage non voulue de ma part. J'ai connu très tôt les implications de la maternité et ça m'a permis de mieux choisir. La société véhicule juste le beau côté de la maternité. Les femmes savent ce que la maternité implique seulement le jour où elles deviennent mères.»

Pour les cadettes, j'ai également souligné, au deuxième chapitre, que leur perception des effets de la maternité sur la vie de leur mère et de leurs sœurs plus âgées, a pu influencer leur choix. On peut aussi se demander si les pressions en faveur de l'enfantement sont moins fortes sur les cadettes de large fratrie, particulièrement lorsque la continuité de la lignée familiale est déjà assurée par les autres frères et sœurs.

Pour expliquer l'absence d'envie d'être mères, plusieurs participantes affirment n'avoir aucun intérêt pour la vie de famille et pour les diverses préoccupations parentales afférentes.

«La raison fondamentale de mon choix de non-maternité reste bien sûr, au départ, le fait que je n'ai aucun goût d'être mère, de tripper avec des enfants. De plus, je n'aime pas la vie de famille (même si je viens d'une famille heureuse et très unie). Être mère implique de s'engager dans les rouages du monde des parents». Vivre dans le monde de parents et dans le monde de célibataires est très différent. Ce n'est pas que je dédaigne le premier, mais je n'ai aucune affinité avec ce style de vie. En ce qui concerne mon expérience personnelle, le "milieu de célibataire" est beaucoup plus varié et ouvert. Et, bien sûr j'ai plus de liberté, ce qui me convient mieux.»

Des femmes ont écrit que leur désintérêt pour la maternité découlait de la situation familiale vécue durant l'enfance et l'adolescence: le fait de voir leurs parents malheureux dans leur rôle parental, particulièrement l'attitude de leur mère face à la maternité.

«Mes parents n'ont jamais semblé jouir en élevant leurs enfants mais plutôt s'en faire un devoir. Je suis, en fait, le fruit des pressions de leur époque. Devant ça, je n'ai jamais eu envie de m'imposer ce même genre de devoir et vivre en martyre. Je suis définitivement beaucoup plus heureuse dans le rôle de tante et maîtresse que dans celui de mère et épouse. Je suis persuadée que toutes les femmes peuvent engendrer mais non être maternelles et heureuses avec des enfants.»

«Je pense quant à moi, que la décision consciente de ne pas avoir d'enfant ne vient que confirmer une décison inconsciente qui remonte très loin dans l'enfance, directement reliée à ma mère, à sa vie. Surtout au double message qu'elle communiquait. "C'est beau d'avoir des enfants" et "ma vie de femme est misérable" et "j'aime mal mes enfants"».

«Je suis la dernière d'une famille de 10 enfants et ma mère m'a souvent répété que si la pilule avait existé de son temps, elle se serait limitée à deux enfants. Il est clair que j'étais loin d'être désirée. Elle a sans cesse répété que les enfants, c'était une charge, des soucis, des problèmes, du travail, un tas d'inconvénients de toutes sortes... rarement une source de joies. J'ai eu une enfance et une adolescence relativement heureuses malgré tout.»

D'autres femmes estiment que leur décision résulte du type de relation qu'elles entretiennent actuellement avec leur mère ou avec leur parents.

«Ma relation avec ma mère est tellement difficile que je ne me sens pas capable d'avoir un enfant sans me débarasser de ce fardeau. Je n'ai jamais cru au bonheur et je n'ai pas voulu qu'un enfant vive la même chose que moi. Seule j'ai pu m'y débattre et trouver une certaine confiance en la vie, mais je n'aurais pas su le faire pour moi et un enfant.»

«Suite à ce que je vis depuis 15 ans, avec mes parents âgés, je me refuse viscéralement à imposer ma vieillesse à mes enfants. Ce sentiment est très puissant et il a contribué pour une grande part à ma décision de ne pas avoir d'enfant, prise vers l'âge de 35 ans.»

Toujours lié au contexte familial, il y a une répondante, et elle n'est pas la seule, qui a fait valoir que la situation de violence physique et psychologique qui avait prévalue dans sa propre famille, l'avait éloignée pour toujours de la maternité.

> «Mon père battait ma mère lorsqu'elle était enceinte. (...) Il lui disait qu'elle était grosse, très laide (d'où ma difficulté de trouver la beauté d'une femme enceinte), et surtout qu'il ne voulait pas d'autres enfants. En fait, je semble être le seul bébé désiré et planifié à la maison. Les autres (3) ont été des bébés surprises. J'ai assisté bien malgré moi à ce que mon père faisait à ma mère. J'ai même été battue parce que je voulais porter assistance à ma mère. Je ne serai jamais enceinte et je ne suis pas convaincue du bien-fondé du mariage. Je suis capable de me réaliser sans ces deux conditions. J'avertis toujours mes chums que je ferai tout en mon pouvoir pour ne jamais avoir d'enfant. Si c'est une condition très importante pour eux, ils sont avertis; ils frappent à la mauvaise porte.»

Enfin, des femmes rendent compte de leur manque d'enthousiasme à l'égard de la maternité compte tenu du genre de vie qui est réservé à la mère dans notre société. Le style de vie de leur mère a donc joué un rôle important dans l'évaluation des conséquences de la maternité. Toutefois, l'exemple de la mère ne semble pas suffisant en lui-même, quoique déterminant dans certains cas, pour les motiver à ne pas avoir d'enfant. Cette décision résulterait aussi d'une analyse des conditions d'exercice de la maternité dans notre société.

> «Je ne veux pas être une mère mais une personne. Dans notre société quand tu es mère, tu es mère et rien d'autre. Le rôle de mère est tellement omniprésent qu'il annihile tous les autres cotés de toi, de ta personne.»

> «La réalisation de soi ne passe pas nécessairement par la maternité. Je n'ai jamais éprouvé de réel désir d'avoir un enfant. Je n'avais pas envie d'être une super-femme. La maternité dans le contexte actuel est une pénalité pour les femmes, un piège.»

«Élever un enfant implique trop de responsabilités»

Six répondantes sur dix invoquent qu'élever un enfant impliquerait une trop grande responsabilité, tant morale que physique. Elles mentionnent, à ce propos, les tâches associées à l'éducation et au quotidien avec un enfant, tâches qui, déplorent-elles, sont considérées presqu'exclusivement comme une affaire de femmes.

> «Avoir un enfant est un choix parmi d'autres pour s'épanouir et j'ai choisi d'autres façons. Je considère que le prix de la maternité est encore trop lourd et trop simplement porter par les femmes.»

> «Avoir un enfant me semble une responsabilité très lourde et très longue, surtout pour la femme qui doit y sacrifier presque tout: liberté, carrière et même l'intimité avec l'être aimé. Je n'accepte pas la mentalité qui veut qu'une femme trouve son bonheur dans une maternité qui seule peut l'épanouir. La maternité en ce sens me semble un piège. On nous promet le bonheur si nous acceptons d'être une mère dévouée alors que la maternité entraîne beaucoup de difficultés, d'inquiétudes et même de déceptions. Pour une promesse de bonheur peu réaliste, on nous demande de renier ce que nous sommes, nos goûts, nos talents, nos aptitudes, notre carrière, notre autonomie. Pour moi, la maternité doit être un choix et non une obligation.»

> «Je regarde ma mère qui a fait son monde autour de ses enfants et qui nous demande aujourd'hui qu'on s'occupe d'elle. Elle est tellement dépendante de ses enfants. Elle veut qu'on lui rende ce qu'elle a fait pour nous, mais nous on lui a pas demander de venir au monde.»

Affirmer qu'élever un enfant implique trop de responsabilités ne signifie pas pour autant que ces femmes se considèrent incapables de prendre des responsabilités dans d'autres secteurs de leur vie, bien au contraire.

> «La responsabilité d'élever un enfant m'a toujours fait peur. Je considère que c'est jouer avec la vie de quelqu'un, c'est-à-dire,

qu'on doit modeler la vie de l'enfant sur ses idées et je trouve cela injuste. J'ai peur de ne pas être à la hauteur de cette tâche: former un être humain équilibré. Quelle tache écrasante, c'est trop pour mes épaules. C'est drôle parce que dans les autres domaines de ma vie, j'ai toujours su prendre mes responsabilités. Je travaille dans un hôpital, aux soins intensifs depuis 10 ans, j'en ai des responsabilités. Mais en regard des enfants, ça m'a toujours semblé trop lourd d'en avoir et surtout de faire leur éducation.»

«Je ne veux pas élever un enfant seule»

Quarante-quatre pour cent des participantes appuient également leur décision sur le motif de ne pas vouloir élever seules un enfant, un scénario qu'elles estiment plutôt courant. Les non-mères blâment ici le partage inéquitable des tâches éducatives entre les parents, ainsi que le type d'organisation de la reproduction dans notre société.

> «Je suis une enfant adoptée. J'ai un père biologique que je n'ai jamais vu (il s'est sauvé en apprenant ma venue) et un père adoptif qui a quitté le foyer depuis très longtemps. Disons que les exemples que j'ai eu sous les yeux ne m'ont pas aidée, et ont contribué largement à ne pas croire en la responsabilité des hommes en tant que pères. De plus, j'ai souffert de l'absence de mon père, je ne veux à aucun prix que mon enfant naisse et se retrouve sans père.»

> «C'est le partage des tâches parentales dans notre société et le fait que l'enfant soit vu comme appartenant à sa mère. Pour moi, les enfants appartiennent à la communauté. je ne veux pas être la seule responsable.»

> «Je ne veux pas élever un enfant seule, ceci veut dire que je ne veux pas élever un enfant sans le support de la société: garderie gratuite, heures de travail flexibles, congés parentaux, etc. J'aurais bien aimé élever un enfant seule (sans homme) mais en ayant accès à des services communautaires.»

Les femmes célibataires et celles qui cohabitent depuis moins de cinq ans sont les non-mères qui énoncent le plus souvent cette raison. De même, les répondantes prêtes à réévaluer leur décision si leurs conditions de vie changeaient invoquent fréquemment ce motif. Par contre, les lesbiennes affirment moins que les hétérosexuelles ne pas vouloir élever seules un enfant.

> «À aucun moment de ma vie, je n'ai souhaité avoir un enfant. J'ai pris conscience très tôt de l'esclavage que cela entraînait, tout repose sur la femme dans notre société en ce qui concerne l'enfant.»

«J'ai peur de la grossesse et de l'accouchement»

Quant aux inquiétudes face au déroulement de la grossesse et de l'accouchement, elles représentent un des motifs pour un peu plus du tiers des femmes. Ce sont les moins scolarisées ainsi que les aînées et les cadettes qui soulèvent le plus fréquemment ce point.

Plusieurs répondantes lient ces craintes à leur malaise devant la sur-médicalisation du processus périnatal.

> «Quand tu regardes, l'attitude de la médecine et des médecins (mâles) face au corps des femmes, tu n'as pas le goût de te rendre vulnérable devant eux. Car être enceinte et accoucher c'est être très vulnérable face à la science médicale (très masculine et lucrative pour les médecins). Dans les salles d'accouchement, tout est aménagé pour le confort des médecins, l'acte d'accoucher n'est qu'un acte médical pour eux.»

Outre, la peur d'avoir un enfant handicapé ou du «mauvais» sexe (certaines ne voulant pas de filles, d'autres pas de garçons), les femmes mentionnent les transformations corporelles associées au processus d'enfantement.

> «Ce n'est pas tant la peur de l'accouchement et de la grossesse que le refus de le vivre. Je n'en ai aucunement envie. Je ne me

sens pas assez forte pour vivre tous ces changements avec sérénité. L'idée que mon corps se transformera au cours de la grossesse me répugne. Déjà, j'ai travaillé beaucoup pour arriver à accepter et à respecter mon corps tel qu'il est, je ne pourrais pas supporter toutes les métamorphoses d'une grossesse.»

«Je ne ferais pas une bonne mère»

Seulement trois participantes sur dix allèguent qu'elles seraient des mères inadéquates. Le modèle de mère exemplaire et dévouée proposé dans notre société n'est pas étranger à leur décision. Elles ne se sentent pas prêtes à assumer les contradictions inhérentes à l'impossibilité d'être une mère parfaite.

Cette perception de soi comme «mauvaise mère» est, dans certains cas, rattachée à des expériences familiales douleureuses ayant laissé des blessures et des manques qui rendent la maternité impensable pour elles.

«Je n'ai jamais désiré un enfant profondément. N'ayant pas eu une enfance heureuse et une adolescence encore pire, j'ai toujours eu la crainte de ne pouvoir transmettre ce que je n'avais pas reçu. Je ne voulais pas que mes enfants soient comme moi.»

«J'aurais désiré être mère peu importe ma carrière ou les circonstances financières. Je me suis refusée un enfant par peur de transmettre la détresse que j'ai eu à vivre dans ma propre enfance.»

«J'ai subi une enfance truffée de violence. J'ai subi ma jeunesse et mon enfance comme un mal nécessaire pour pouvoir être adulte. J'ai décidé de ne pas "refaire le coup" à des enfants, surtout pas les miens. J'ai cru pendant longtemps que je n'étais pas assez "outillée intérieurement" pour permettre à un enfant de croître et d'apprendre à être heureux. J'aurais eu peur que mon partenaire devienne incestueux. Me sentant immature émotionnellement, et mal aimé chroniquement, j'aurais eu peur qu'un enfant vienne prendre la place de l'enfant inassouvi en moi.»

«J'ai un vide, un manque qui me vient de ma relation avec ma mère. Je ne pourrai pas donner à un enfant ce que je n'ai pas eu.

J'ai un enfant en dedans de moi qui a un manque, ma mère était une enfant dans un certain sens, elle compétionnait avec nous pour avoir de l'attention. Elle ne pouvait manifestement pas donner ce qu'elle n'avait pas eu. Je crois que les femmes font des enfants pour racheter l'image de leur mère, combler le vide ressenti ou donner à leur enfant ce qu'elles n'ont pas reçu. On a tendance à reproduire ce que l'on a connu. Alors tant qu'à reproduire ce que j'ai vécu, non merci... j'ai d'autre chose à faire.»

Ces femmes ont décidé de prendre soin d'elles, au lieu de combler leur vide affectif par la venue d'un enfant. Ainsi, plutôt que de donner à un enfant ce qu'elles n'ont pas eu, elles préfèrent s'offrir l'amour et l'attention souhaitées durant leur enfance.

«Quoique je me considère comme un individu responsable, cet engagement me fait peur. Peur de ne pas être une assez bonne mère, peur de reproduire le type de relation mère-fille que j'ai vécu avec ma mère, peur d'être la même mère qu'elle, et d'imposer à mon enfant mes souffrances, mes lacunes et mes besoins. Peur de me sentir obligée de "réparer" la relation mère-fille que j'ai vécue. J'ai décidé, en fait, de prendre soin de l'enfant qui subsiste en moi et qui elle, n'a pas eu tout ce dont elle avait besoin au moment où elle en aurait eu besoin. D'autres raisons s'ajoutent aussi, je ne suis pas prête à faire le sacrifice d'une partie de moi pour être mère (liberté, temps, énergie, etc.). Je n'ai pas envie d'être confrontée à la culpabilité que je ressentirais si j'avais l'impression de ne pas être une bonne mère.»

«Je n'aime pas les enfants»

Contrairement à la croyance populaire selon laquelle ces femmes n'aiment pas les enfants, seulement une répondante sur cinq nous signale que c'est là un des facteurs ayant guidé sa décision. Dans certains cas, c'est moins le fait de ne pas aimer les enfants qui joue, que le sentiment d'être totalement extérieure au monde des enfants.

«Je connais mal le monde des bébés, je n'aime pas le parler bébé et les enfantillages. J'ai peur de ne pouvoir répondre adéquatement aux besoins d'un bébé.»

Ce sont les femmes ayant pensé à un jeune âge à ne pas être mère qui affirment le plus souvent un tel désintérêt, et aussi ne sera-t-on pas surpris d'apprendre qu'elles font partie de celles dont la décision est irréversible.

Autres motifs

D'autres types de motifs, s'incorporant toujours sous la rubrique «Perception de la maternité», ont aussi été avancés par quelques femmes.

Notons tout d'abord qu'onze pour cent des femmes ont répondu que, de toute manière, il était biologiquement trop tard pour elles pour avoir un enfant.

Par ailleurs, une femme a fait valoir que la question de son orientation socio-sexuelle avait occupé l'essentiel de sa réflexion, et l'avait conduite à abandonner peu à peu tout projet de maternité.

«À 15 ans, je souhaitais me marier et avoir beaucoup d'enfants. Lorsque je me suis découverte homosexuelle, trop d'années se sont écoulées à régler des problèmes d'acceptation, à trouver quelqu'une qui me convenait. Et par crainte de l'opinion de confrères et de consœurs de travail, j'ai écarté le sujet de la maternité. De plus, je n'étais pas capable d'envisager une relation avec un homme pour avoir cet enfant et en même temps j'évaluais tous les désavantages à élever un enfant dans un milieu de vie "spécial". Avec les années, j'ai réalisé qu'il valait mieux oublier ce rêve, trop d'obstacles à affronter et pour trop longtemps.»

D'autres encore portent un jugement politique sévère sur l'idée de la maternité obligatoire pour toutes, ou bien estiment que la maternité constitue un piège pour les femmes dans le cadre d'une société patriarcale.

> «La maternité est survalorisée, elle devrait être une possibilité parmi d'autres et non une obligation pour les femmes de se conformer aux attentes sociales. La maternité n'est pas l'accomplissement ultime de la femme: cette évolution de pensée est essentielle à l'amélioration de la condition féminine.»

> «La maternité est le moyen sûr avec la violence faite aux femmes pour les maintenir à "leur place", c'est-à-dire hors de la place des hommes.»

Des témoignages recueillis jusqu'ici, il semble important de retenir à quel point, le vécu familial de ces femmes a pu peser dans leur décision. Toutefois, ce n'est pas uniquement le vécu familial personnel que les non-mères pointent du doigt, mais aussi les conséquences individuelles et collectives de l'organisation de la reproduction dans notre société.

LES PROJETS PERSONNELS ET PROFESSIONNELS

Nous avons vu précédemment, qu'un facteur important conduisant à la décision de non-maternité était l'absence de désir d'enfant. Mais pour plusieurs femmes, comme nous le verrons ici, leur décision prend aussi racine dans une profonde attirance pour d'autres formes de réalisation.

> «On a toujours voulu faire accroire aux femmes que la meilleure façon de se réaliser était d'avoir un ou plusieurs enfants. Quant à moi, il est clair depuis longtemps que ma réalisation personnelle passe par une multitude d'autres choses que de faire un enfant.»

> «Je me souviens qu'à l'adolescence (14-15 ans), je ne rêvais pas d'être mariée et d'avoir des enfants, mais de faire des études universitaires pour devenir enseignante. J'ai atteint mes objectifs et mes rêves. J'ai un travail, un style de vie qui me plaît et un salaire décent. Les rêves de mariage et d'enfants n'ont jamais eu une grande place dans ma vie (seulement un peu de "rêverie" de temps en temps, comme on rêve de gagner à la loto).»

Tableau 18

Les raisons: les projets personnels et professionnels

Énoncés	Oui Modérément et très vrai %	Non %
(15) J'ai plus de liberté sans enfant	77,7	7,6
(19) Je peux investir plus dans ma carrière, mon travail ou mes études	66,8	21,6
(17) Je peux voyager plus souvent	53,2	33,3
(14) J'ai un style de vie qui ne me permet pas d'avoir un enfant	51,4	34,1
(9) Avoir un enfant va affecter ma carrière	49,4	35,6
(16) J'ai plus de temps pour les amis ou amies	49,0	29,4
(18) Je peux m'impliquer plus dans ma communauté	34,1	48,8

«J'ai plus de liberté sans enfant»

Plusieurs femmes expriment leur non-désir d'enfant par référence à leur liberté personnelle, craignant que celle-ci ne s'évanouisse avec la maternité. Maternité et liberté seraient des réalités contradictoires (tableau 18).

Certaines y voient des contradictions intrinsèques, une incontournable exclusion mutuelle, peu importe les conditions dans lesquelles se vit la maternité. Grossesse et maternité sont perçues ici comme une contrainte en soi, une atteinte à l'autonomie, une intolérable limitation de toute marge de manœuvre.

Alors que d'autres y perçoivent aussi une contradiction, mais davantage liée aux conditions sociales mêmes de la maternité, une contradiction générée par la société actuelle, c'est-à-dire une société où la femme-mère est abandonnée à elle-même, où le père est plus ou moins absent, où la double journée de travail est la règle, où les services de garde sont insuffisants, où la maternité devient synonyme de fardeau parce que le plus souvent porté par les seules femmes. C'est la crainte que la maternité n'entraîne une vie univoque, centrée sur l'enfant ou les enfants, qui entre de plein fouet en contradiction avec les aspirations des femmes. C'est une représentation de la maternité comme monstre dévoreur de temps et d'énergie. C'est la peur que la maternité n'entre en concurrence avec des projets présents et à venir. Dans ces conditions, la non-maternité est en quelque sorte une assurance-liberté.

Les témoignages suivants font ressortir les diverses nuances et sensibilités dans la façon d'envisager le rapport entre maternité et liberté personnelle.

«J'ai un besoin d'accomplissement de soi, un désir de réussite et d'opérer dans des sentiers non battus. Je suis ambitieuse et aventureuse. Pour moi, la grossesse et la maternité briment ce besoin d'une certaine façon, et quand je mets les deux en confrontation, je choisis le type de travail qui est reconnu par la société. Je m'implique beaucoup dans mon travail et dans certaines activités de bénévolat. Mon travail exige une relation d'aide avec mes clients où je reçois beaucoup de reconnaissance sur le plan humain. C'est peut-être la raison pour laquelle je ne voulais pas vivre la maternité.»

«Je me suis vraiment posée la question lorsque j'ai envisagé de me faire ligaturer à 30 ans, et la réponse était très claire. Je ne pouvais accepter de perdre ma liberté en tant qu'être humain, tout simplement. Tu es mère à vie. C'est une préoccupation continuelle.»

«Le gros avantage, c'est de faire tout ce que l'on veut, quand on veut et à l'heure que l'on veut. On n'a pas à s'inquiéter tout le temps au sujet de la santé de notre enfant, donc, moins de tracas et de casse-tête. De plus, on est moins stressée car on a pas de triple tâches.»

«Après une journée de travail, j'ai la chance de récupérer un peu, de respirer afin de faire le plein pour le lendemain. Physiquement, je ne peux faire deux choses à la fois parce que je me donne pleinement à ce que je fais.»

C'est devant la perspective de ne pouvoir s'engager à fond et d'avoir à renoncer à leurs études ou à leur carrière, de ne disposer d'aucun temps libre, que ce soit pour les loisirs, les amis ou pour d'autres activités que nombre de femmes hésitent, reculent devant la maternité ou l'ignorent tout simplement. Aussi, pour elles, le rapport entre maternité et liberté n'est pas un conflit abstrait où elles opteraient pour la liberté par principe: c'est un désir qui cherche à s'actualiser dans diverses voies créatrices, distinctes de la créativité propre à la maternité.

«Avant d'être une femme, je suis un être humain et j'ai décidé d'avoir une carrière, éventuellement une carrière politique et une vie sociale bien remplie. C'est une inversion des valeurs et il n'y a pas de place pour la maternité dans une telle vie. Si j'étais un homme, on me considérerait comme un être humain bien adapté à la société. Cependant, il se trouve que je suis une femme, un tel cheminement est plus difficile et je dois parfois lutter pour la reconnaissance de mes droits. Selon moi, il est aussi "normal" de ne pas vouloir d'enfant que d'en vouloir. Je regrette que cette opinion ne soit pas partagée par les gens en général, et bien que je sois à l'aise dans ma décision, je suis parfois obligée de la justifier (de justifier un fait normal!).»

Dans ce contexte, la non-maternité c'est d'abord une disponibilité à soi, à la découverte de soi, c'est l'ouverture d'un espace de réflexion pour orienter sa destinée.

«Avoir la possibilité d'être à l'écoute des fantaisies ou des exigences de mon évolution en tant que femme et en tant qu'être libre et autonome.»

«J'ai plus de temps à me consacrer et plus de souplesse dans mon horaire et ma vie.»

«La fait de ne pas avoir d'enfant m'a permis de me bâtir, d'aller plus loin, de me connaître, de me perfectionner et je suis fière d'être ce que je suis.»

Concrètement, la contradiction entre maternité et liberté personnelle se vit différemment d'une femme à l'autre. Toutefois, ce motif est aussi fréquemment évoqué par les non-mères peu importe leur statut civil, leur âge ou leur orientation socio-sexuelle. Seules les femmes qui ne pensent pas réévaluer leur décision l'invoquent plus souvent. Voyons maintenant quelles sont les priorités de nos répondantes.

«Je veux investir plus dans ma carrière, mon travail ou mes études» et «Avoir un enfant affecterait le cours de ma carrière»

La volonté de se consacrer à des études supérieures, à un travail ou une carrière est évoquée par les deux tiers des répondantes. Après le désir de liberté, cette raison constitue le motif le plus souvent cité dans la catégorie «Projets personnels et professionnels» (tableau 18).

Ce sont les participantes les plus scolarisées et les non-mères provenant de familles nombreuses qui l'indiquent le plus fréquemment. En observant le rang dans la famille d'origine, on remarque que les filles uniques, les aînées et les cadettes signalent ce motif plus souvent que les autres. Plusieurs études ont déjà mis en évidence que le «désir de réussite» est plus grand chez les premières ou premiers de famille, les parents reportant sur eux les rêves et les projets qu'ils n'ont pas réalisés. De même, on constate que le désir de s'impliquer dans des projets professionnels est plus prononcé chez les non-mères qui ont pris une décision avant la vingtaine.

Au travers des témoignages se dessinent des sensibilités personnelles différentes quant au rapport entre cheminement professionnel et maternité. Pour certaines, le désir de réalisation professionnelle a, de toute manière, toujours été plus fort que le désir de maternité.

> «Quand j'étais jeune, une des mes tantes n'était pas mariée et possédait un commerce. Elle semblait très heureuse. Je me suis dit que moi aussi je vais faire une vie comme ça, une carrière et être très autonome, indépendante des hommes au besoin. Voilà, c'est la vie que je fais.»

> «J'ai été mariée 4 ans et pendant ce temps j'ai fortement pesé le pour et le contre de la non-maternité. Cela a pris un an avant que je me décide à me faire ligaturer. (...) Aujourd'hui je suis divorcée et je ne regrette aucunement ma décision de stérilisation. Je crois qu'il y a certaines femmes qui ne se sentent pas l'esprit maternel, je fais partie de celles-là. Le fait d'avoir un enfant brimerait ma carrière et c'est ce dernier point que j'ai choisi.»

Pour d'autres, c'est la peur de voir la maternité gruger le temps consacré à leurs activités professionnelles qui les ont surtout motivées: la moitié des répondantes soutiennent qu'une maternité aurait des effets négatifs sur leur carrière. Généralement, ce sont les femmes âgées de moins de 30 ans qui mentionnent le plus cette crainte. Les non-mères encore indécises face à leur intention l'énoncent aussi plus souvent que celles qui ont pris une décision ferme.

> «La non-maternité s'avère un choix qui s'impose à moi. Mon travail prenant de plus en plus de temps, je ne vois pas comment matériellement je pourrais me permettre d'être enceinte, d'accoucher et d'élever un enfant et de surplus seule.»

> «Me dirigeant alors, vers une carrière professionnelle je ne voulais pas hypothéquer mes années de sacrifice à l'université pour avoir des enfants. Il ne suffit pas d'avoir des enfants, il faut aussi les éduquer, cela demande de la patience, ce que je n'ai pas. De plus, arrêter trop longtemps dans le domaine du droit, veut dire se recycler car la loi change vite.»

> «On tient les femmes encore beaucoup responsables du bonheur ou du malheur de leur famille et plusieurs doivent faire un choix entre celle-ci et leur carrière alors que les hommes n'ont pas à se poser cette question, ayant près d'eux une femme qui les libère de toutes les tâches ingrates, afin de leur permettre de se consacrer entièrement à leur travail et de se réaliser.»

«Je peux voyager plus souvent», «J'ai plus de temps pour les ami-e-s» et «Je peux m'impliquer plus dans la communauté»

Si les raisons suivantes n'ont pas été forcément déterminantes dans leur décison, il reste que la moitié des répondantes mentionnent comme motif le fait de pouvoir notamment se consacrer aux voyages et aux ami-e-s, un tiers affirmant aussi avoir la possibilité de s'impliquer dans des activités communautaires (tableau 18).

La ventilation des données par catégorie d'âge et par statut civil indique que les femmes âgées de moins de 30 ans sont les répondantes qui affirment le plus souvent disposer de plus de temps pour les activités de voyage et de socialisation, alors que les femmes mariées sont celles qui l'énoncent le moins.

> «Je suis heureuse quand je n'ai qu'à me soucier de moi, de mes amis, de mes chums et des gens autour. Je veux dire: être libre de voir qui je veux, quand je veux, où je veux, sans bâtons dans les jambes. J'ai déjà bien assez de bâtons tels que l'argent, le travail (avec plaisir pourtant). Je veux pouvoir voyager seule ou avec mon chum ou des amis sans inquiétude et tracas. Mais, ce qui motive profondément ma décision, c'est qu'un enfant n'ajouterait rien à mon bonheur et à ma joie de vivre.»

> «Maintenant que j'ai fait ce choix, j'envisage des voyages, des amis ou amies, un travail, etc. J'ai une plus grande liberté de choix puisque je suis seule. Mais toutes ces choses n'ont pas fait partie des négociations avec moi-même lorsque j'ai décidé de ne pas avoir d'enfant. Le choix était avoir ou ne pas avoir d'enfant

et cette question n'envisageaient aucun avantage ou désavantage à l'un ou l'autre choix.»

Par ailleurs, les femmes qui confient pouvoir s'investir davantage dans leur communauté en n'ayant pas d'enfant sont surtout celles qui s'identifient le plus radicalement au féminisme.

> «Cela me permet de m'engager à fond dans mes projets socio-politiques qui sont pour moi la manière que je privilégie pour actualiser ma fécondité et ma créativité.»

«J'ai un style de vie qui ne me permet pas d'avoir un enfant»

La moitié des répondantes déclarent que leur mode de vie — leur bien-être dans le célibat, leur côté bohême, leur orientation socio-sexuelle, etc. — est incompatible avec le fait d'avoir un enfant (tableau 18).

> «Je suis célibataire dans l'âme. Je suis fondamentalement seule, je le sais et j'aime ça.»

> «J'ai l'impression d'être instable et j'aime bien l'être, ça me permet d'avoir tellement plus d'expériences nouvelles.»

> «Je ne me sens pas obligé d'entretenir une relation avec un compagnon pour le bien-être d'un enfant. Je m'appartiens plus.»

> «Je ne suis pas obligée de choisir un père pour mon enfant et d'avoir des relations sexuelles avec lui. Je trouve que cela m'évite beaucoup de problème car je n'aime pas le sexe avec un homme et je ne connais pas non plus, beaucoup d'hommes que je désirerais comme pères (biologique ou social).»

Le tableau ci-dessous illustre les avantages que les femmes associent à la non-maternité.

Tableau 19

Avantages associés à la non-maternité

Avantages	Oui Très vrai %	Non %
J'ai une plus grande liberté personnelle	87,2	1,6
J'ai plus de temps à consacrer à ma carrière, mon travail ou mes études	67,6	9,3
J'ai plus de temps à consacrer à mon ou ma conjointe	38,1	37,3
J'ai plus de temps à consacrer à mes amis ou amies	40,7	14,0
J'ai plus de temps pour voyager	49,7	16,3
J'ai plus de temps pour mon ou mes passe-temps	62,4	5,9
J'ai un plus grande liberté financière	57,5	11,2
J'ai moins de responsabilité	53,6	16,9

Ce tableau confirme point par point les conclusions qui ont été tirées du tableau précédent (tableau 18). Quelques nouveaux éléments en émergent: ainsi, pour plus de la moitié des femmes, la non-maternité implique une plus grande latitude financière et libère du poids de trop grandes responsabilités.

> «Pour moi, le principal avantage concerne le côté financier. J'ai toujours gagné ma vie de façon assez précaire. De plus, je suis un peu bohème et par conséquent très instable (déménagement, changements fréquents de travail et de milieux de vie).»

> «J'ai moins de responsabilité, cela est vrai dans la mesure où l'on parle de responsabilités familiales vis-à-vis des enfants. Il ne faut pas oublier que même sans enfant, on a tous une part des responsabilités.»

Même si la non-maternité permet, au dire de certaines femmes, d'avoir un plus grand éventail de préoccupations, elle n'implique pas forcément une plus grande disponibilité de temps pour soi.

> «La non-maternité me tient éloignée du danger de n'être qu'une mère, de devenir une femme qui ne parle que des couches et des dernières finesses de ses enfants.»

> «Le temps que je n'investis pas auprès d'un enfant, je l'investis presque totalement dans mes milieux de vie et d'intérêts, alors c'est faux de dire que j'ai plus de temps, j'ai fait un autre choix.»

Par ailleurs, le choix de la non-maternité est perçu par les femmes comme une assurance contre le dilemne de toutes les mères.

> «Je ne vis pas la culpabilité d'être une mauvaise mère et l'impossibilité d'en être une bonne.»

Au total donc, soit que ces femmes se définissent autrement que comme futures mères et décident d'investir temps et énergie dans des projets personnels ou professionnels, soit qu'elles ressentent comme un impossible tour de force la conciliation d'une éventuelle maternité avec leurs autres aspirations. Dans bien des cas, c'est la satisfaction qu'elles retireront de leur mode de vie sans enfant qui leur révélera, leur confirmera ou leur fera mener jusqu'au bout l'intention de ne pas avoir d'enfant.

LA RELATION AMOUREUSE

On constate que la dynamique de leur relation amoureuse ainsi que l'absence de désir de paternité de la part du conjoint lui-même, constituent aussi des facteurs d'influence dans la décision de nos répondantes (tableau 20), dont 45,5 % sont, rappelons-le soit mariées, soit en union de fait.

Tableau 20

Les raisons: la relation amoureuse

Énoncés	Oui Modérément et très vrai %	Non %
(23) J'ai plus d'intimité avec mon ou ma conjointe	40,1	51,1
(22) Le ou la conjointe ne veut pas d'enfant	29,5	63,2
(7) La relation est trop instable	21,0	70,7
(20) Le ou la conjointe ne ferait pas un bon parent	11,1	83,5
(21) Le ou la conjointe n'aime pas les enfants	7,6	83,0

Quatre répondantes sur dix affirment disposer de plus d'intimité avec leur conjoint ou conjointe en n'ayant pas d'enfant (soit 65 % des femmes en couples). Dans ce cas-ci, la venue d'un enfant n'apporterait rien au bonheur du couple, la conjugalité se suffisant à elle-même (tableau 20).

«Nous ne désirons et ne voulons sous aucun prétexte avoir un enfant. Il n'y a tout simplement pas de place à l'intérieur du couple que nous formons. Tous les deux nous réalisons un plan de carrière avec énormément de complicité et d'amour. Nous nous consacrons entièrement et passionnément pour l'amour unique que nous avons... la mer.»

Trois femmes sur dix font valoir comme raison que leur conjoint ne désire pas d'enfant: ainsi la moitié des conjoints des répondantes en couple ne souhaitent pas avoir d'enfant.

«Après avoir complété ce questionnaire, je m'aperçois comme une évidence soudaine que ma décision est due essentiellement à deux facteurs extérieurs à ma personne, en tant que femme:

une situation systématique de dépendance pour les femmes-mères dans notre société et une relation avec un partenaire inadéquat. Il ne semble pas vouloir vivre la paternité. Il n'en parle pas sérieusement, il n'est pas disponible pour une vie de famille. De plus, il exprime clairement qu'il ne tient pas à être un pourvoyeur, juste généreux quelques fois.»

Par ailleurs, une femme sur cinq soutient que ses amours sont trop instables ou insatisfaisantes pour penser avoir un enfant.

«Ayant des relations amoureuses très changeantes, étant peu fidèle, je crois qu'il est très néfaste pour un enfant de vivre dans une telle situation pour son équilibre émotif.»

«J'ai vécu quelques années avec deux conjoints, aucun des deux n'envisageaient d'avoir des enfants. Ils étaient tous les deux instables. Je n'ai donc jamais eu un climat suffisamment stimulant pour envisager clairement d'avoir un enfant.»

Dans certains cas, les répondantes n'ont tout simplement pas rencontré un conjoint au bon moment.

«Les circonstances de la vie ne m'ont pas permise de rencontrer l'âme sœur. À cette époque, la maternité hors mariage était impensable et irresponsable. Par la suite, le fait de ne pas avoir d'enfant ne m'a jamais ni manqué, ni préoccupé. Au contraire, à mesure que les enfants de mes proches devenaient adolescents, j'appréciais le fait d'être libre. Une société doit permettre à chacun de s'exprimer selon son choix quel qu'il soit.»

«Si j'avais rencontré un partenaire qui ne me prenait pas pour sa mère, j'aurais peut-être eu plus envie d'en devenir une. Je pense que c'est le facteur époque-génération-circonstances de la vie qui détermine mon choix. J'ai une certaine indépendance financière, je ne suis donc pas tenue d'habiter avec quelqu'un, j'apprécie cette indépendance et je crains beaucoup la cohabitation avec un conjoint. Après deux expériences qui se sont soldées par des séparations, je suis probablement devenue individualiste. C'est une question de parcours. Je ne suis pas malheureuse pour autant. Je suis responsable de moi-même, je n'ai à compter sur personne et c'est très bien ainsi.»

Généralement, ce sont les participantes qui ont pris leur décision à la suite d'une série de remises à plus tard de la maternité qui citent le plus fréquemment l'instabilité ou l'insatisfaction de leur relation amoureuse.

Onze pour cent des répondantes déclarent aussi que leur conjoint ou conjointe ne ferait pas un bon parent, certaines craignant que la paternité soit prise à la légère par leur partenaire. Et, en plus de celles-ci, un bon nombre de femmes mettent en doute, sur un plan plus général, la réelle volonté des hommes d'assumer concrètement la paternité, notamment le partage équitable des tâches domestiques et parentales. Elles font preuve de beaucoup de scepticisme quant à l'émergence du «nouveau père». Selon elles, la transformation du niveau d'engagement des hommes face à la paternité est présente seulement chez une minorité d'entre eux.

«Jusqu'à l'âge de 33 ans, je n'ai pas eu de relation amoureuse assez stable pour songer à avoir un enfant, parce que j'ai toujours cru qu'élever un enfant, c'est l'affaire d'un père et d'une mère. Lorsque j'ai rencontré mon conjoint, il y a trois ans, j'aurais aimé avoir un enfant (un garçon), je ne voulais pas avoir de fille. Mon conjoint est divorcé et il a déjà deux petites filles que j'ai refusé de garder parce que je trouve qu'il ne s'en occupe pas beaucoup, qu'il n'est pas le genre de père que je voudrais pour mon enfant.»

«Avoir un enfant pour moi, c'est l'affaire de deux personnes. Je n'ai pas rencontré d'homme assez évolué pour vivre sa part. Je refuse d'entrer dans un cadre et de prendre 75 % de la responsabilité d'un enfant dans un couple. Je refuse d'élever un homme pour en faire un père. Mon refus n'est pas de la maternité mais plutôt de la maternité seule qui isole, qui est faussée par trop de mythes et qui, finalement, vide la femme et la maintient en état de dépendance infantile. Pour moi, la maternité c'est bien autre chose et surtout beaucoup plus simple.»

«Même en 1986, le partage des responsabilités parentales est encore rare. Bien sûr, on nous présente à l'occasion dans les médias, des modèles d'hommes qui prétendent être des pères à temps plein. Mais ce n'est qu'une minorité. J'observe qu'autour de moi, les hommes n'ont pas tellement évolué à ce niveau, changer les couches, faire le lavage, promener le bébé en poussette à l'occasion ne suffit pas. Cette situation a beaucoup influencé ma décision de ne pas avoir d'enfant.»

Enfin, seulement 8 % des répondantes affirment être en relation amoureuse avec une personne qui n'aime pas les enfants.

En somme, pour ces femmes en couple, la qualité de la relation amoureuse, la présence d'un partenaire qui ne veut pas d'enfant ou qui ne ferait pas un père adéquat, sont des facteurs qui ont joué un rôle relativement déterminant dans leur décison.

LES CONDITIONS ÉCONOMIQUES

À l'encontre de l'opinion populaire et de ce qui est souvent présenté dans les médias comme facteur prépondérant, notre enquête révèle que seulement le tiers des répondantes ont été influencées dans leur décision par des considérations d'ordre économique (tableau 21).

«En fait, mes hésitations relevaient plutôt du niveau socio-économique. La question était d'évaluer si j'acceptais ou non de faire un enfant dans une société où tout le poids risque de tomber sur les épaules de la mère. Il y avait aussi le fait que mon conjoint étant sans emploi, je me disais que je ne ferais jamais d'enfant dans une telle condition.»

«Je travaille à temps plein comme contractuelle. Cela a été la première et principale raison de remettre la décision à plus tard. Je voulais être autonome financièrement, c'est-à-dire avoir un salaire assuré. Par la suite, les autres raisons ont pris de l'importance. Je crois que je serais moins heureuse si j'avais un enfant, parce que j'aime mon style de vie actuel et que je ne veux pas le changer. Un enfant implique une routine journalière que je détesterais à long terme.»

«C'est un choix qui s'impose à moi à cause de mon instabilité financière. De plus, il y a tellement d'enfants sur la terre qui n'ont pas de parents, je préfère donner mon amour, mon temps, etc... à ces enfants-là, plutôt que d'en mettre un autre sur la terre.»

«L'insécurité économique (nous ne sommes jamais assurés d'un emploi d'une année à l'autre) ne nous encourage pas mon conjoint (ingénieur) et moi à avoir des enfants. Depuis 14 ans que je suis sur le marché du travail, je n'ai eu que des contrats de 6 mois à 1 an (l'équivalent de 3 ans). On ne fait pas des enfants dans ces conditions-là. Deuxièmement, élever un enfant demande beaucoup d'énergie physique et psychologique, j'ai tout juste le temps de prendre soin de moi. De plus, je trouve la vie difficile à vivre par bout. Enfin, ma relation amoureuse est tellement intense et tellement formidable, j'ai l'impression de la vivre pleinement en n'ayant pas d'enfants (nous aimons tous les deux la solitude).»

Tableau 21

Les raisons: les conditions économiques

Énoncés	Oui Modérément et très vrai %	Non %
(4) Élever un enfant coûte cher	35,5	45,6
(5) Ma situation financière ne me le permet pas	30,5	59,4

Ce sont les femmes de moins trente ans et les répondantes non mariées qui indiquent le plus fréquemment cette raison, de même que les non-mères qui ont fait un choix à la suite de remises à plus tard de la maternité. Également, les participantes les moins scolarisées, celles n'occupant pas un emploi à plein temps et celles qui ont un faible revenu, mentionnent plus souvent que leurs consœurs scolarisées, travaillant à temps plein et ayant un bon revenu, le poids de leur situation monétaire dans leur décision.

Au total, si pour certaines femmes la situation économique a été le principal motif de leur choix de non-maternité, pour la majorité, il n'est ni le seul en cause, ni le plus déterminant.

LE CONTEXTE SOCIO-POLITIQUE

Le tiers des répondantes estime que le danger de guerre, la dégradation de l'environnement et le climat politique et social général, sont des facteurs ayant influencé leur choix de non-maternité. Ainsi, pour certaines, c'est parce qu'elles aiment les enfants qu'elles ont décidé de ne pas enfanter: le monde leur apparaît peu accueillant et peu sécuritaire pour les enfants.

«Je ne suis pas intéressée à mettre un enfant au monde quand je constate l'impasse dans laquelle notre monde se dirige (pollution, destruction de la faune et de la flore, conflits politiques, chômage, etc.).»

Tableau 22

Les raisons: le contexte socio-politique

Énoncés	Oui Modérément et très vrai %	Non %
(13) Le climat politique m'inquiète (guerre, environnement, etc.)	33,3	45,9
(12) La surpopulation	19,2	67,7

Une répondante sur cinq évoque comme motif la surpopulation mondiale (tableau 22).

> «Je suis une personne qui aime beaucoup les enfants, d'ailleurs, c'est justement parce que je les aime trop que je ne veux pas en avoir. Je considère que je ne penserais qu'à moi en ayant un enfant dans la société actuelle.»

> «Quand mon mari et moi avons fait connaissance, nous nous sommes rendu compte que nous avions vécu les mêmes expériences pénibles et avons conclu qu'un être que nous mettrions au monde risquerait de connaître peut-être pire encore. Alors pour l'amour des enfants que nous n'aurons pas, nous nous abstiendrons de les mettre dans un monde, sans pitié pour qui que ce soit, et encore moins pour les enfants.»

> «Selon moi, l'acte de reproduction est un acte égoïste et narcissique. La période actuelle se prête moins que jamais à la continuité de la race: menace nucléaire, pollution, surpopulation, régime politique dévalorisant au Canada et en particulier au Québec. De plus, mon tempérament me fait voir la vie en noir à intervalles régulières et je ne vois pas pourquoi j'imposerais l'existence à un autre être sinon par pur égoïsme et pour voir ce que ça donne.»

En général, les femmes dont le revenu est élevé (plus de 30 000 $) citent moins souvent ces deux raisons. Tandis que les lesbiennes les évoquent plus souvent que les hétérosexuelles.

Par ailleurs, beaucoup de femmes ont tenu à ajouter des motifs à leur décision, motifs regroupables sous la catégorie assez large du contexte social et politique. Ainsi, plusieurs femmes mettent en cause les politiques de soutien aux mères et aux parents.

> «Non seulement le climat politique est inquiétant mais les politiques concernant les services offerts aux parents ou aux mères-célibataires sont insuffisants. On ne nous encourage pas à avoir des enfants lorsqu'on a pas de revenu suffisamment élevé. C'est la politique du faites des enfants afin qu'on ne vivent pas

dans un monde de vieux en l'an 2000, mais arrangez-vous avec les problèmes que ça implique.»

Quelques autres répondantes lient leur décision à un questionnement d'ordre existentiel. Elles ont décidé de ne pas enfanter parce que, pour elles, perpétuer «la condition humaine» en donnant la vie, n'a aucun sens.

> «C'est l'absurdité de la vie qui me fait peur. Ça me dépasse la notion de créer un autre être humain et d'en être responsable. C'est trop grand pour moi et en même temps absurde si on se compare à l'immensité de l'univers.»

> «Globalement et brièvement, ça tient en quelques mots: le fait que la souffrance physique et morale soient inhérentes à la "condition humaine". Pour prendre une comparaison, disons que je suis dans une chaloupe, et bien que je n'aie aucune intention de me lancer par-dessus bord, je n'ai jamais voulu et je ne veux toujours pas qu'à cause de moi, une ou plusieurs autres personnes se retrouvent dans la chaloupe. Et, contrairement à la moyenne de mes amis, ce sera pour moi une grande satisfaction de mourir en pensant qu'il n'y a pas de rameurs ou de rameuses qui restent derrière moi.»

Quelques femmes abordent la question de la non-maternité sous l'angle d'un choix idéologique et politique. Même si ce niveau d'analyse est exprimé de façon minoritaire (10 %), nous trouvons pertinent de présenter ici quelques témoignages, car les répondantes y exposent un point de vue absent du questionnaire: le refus de la maternité comme geste politique.

Pour d'autres, la décision de ne pas avoir d'enfant a pour point de départ la place et le rôle occupé par les femmes dans notre société. Le premier texte a été écrit par une participante lorsqu'elle a pris sa décision il y a quelques années.

> «Profondément en désaccord avec ce monde, je ne continuerai pas le roulement. Je ne serai pas de celles qui activent la machine insensée. Je serai le chaînon brisé. (...) Récupératrices dangeureusement subtiles, je ne veux pas être prise aux pièges

des "joies de la maternité". (...) Je crois qu'il faut être inconsciente ou bien "inhumainement courageuse" pour mettre un enfant au monde. Et je ne suis ni l'une, ni l'autre. Je ne peux donner à cette société malade, un être qu'elle pourra kidnapper, violer, agresser et pornographier. Elle pourrait nous torturer et nous tuer à travers lui. Non, je ne veux pas me sacrifier ni m'immoler. Je suis ici pour moi, pour accoucher d'une entité qui a quelque chose à faire ou à apprendre. Je ne perçois que cet enfantement, je n'en désire pas d'autre. (...) Je ne peux décider pour aucun être et croire que lui, changera quelque chose pour moi, à ma place, plus tard. C'est comme si j'avais vécu l'esclavage et la privation pendant des millénaires... je ne peux pas me permettre d'attendre. Et je ne veux, pour rien au monde, hypothéquer ma liberté, ni manquer ma vie. Je sais que je n'ai toujours pas trouvé tout le sens à la mienne, mais je viens sûrement d'en changer le cours.»

«Ma décision de ne pas avoir d'enfant est liée de façon intrinsèque à la place que j'occupe en tant que "femme" dans la société. Or, je considère cette place, et le rôle que doivent assumer les femmes, comme étant tous deux insupportables et à la limite invivables. Outre le fait que je refuse les conditions de vie liées au rôle de mère, je refuse surtout de faire naître des enfants dans une société divisée entre les sexes. (...) Je refuse de mettre des enfants au monde car je ne veux pas perpétuer cette hiérarchie entre les sexes. Refuser la maternité est pour moi un choix personnel et politique. Un pouvoir que je me donne sur ma vie et sur la non-reproduction de ces modalités de "vie". En ce sens c'est aussi un choix éthique. Je refuse de mettre des enfants au monde car ce monde ne nous donne pas les moyens de faire naître des enfants sans sexe (social).»

Aussi, des femmes ont opté pour la non-maternité parce qu'elles refusent de participer à la reproduction des structures de la société.

«Le monde est tellement pourri que je ne veux pas, ou du moins le moins possible, y participer. Pour moi avoir un enfant, c'est participer davantage à la société, c'est même accepter ce type de fonctionnement. Le fait que l'élevage revient habituellement à la femme me fait refuser ce rôle.»

«En tant que lesbienne, je veux aussi rompre avec le système hétéro en refusant la maternité obligatoire. Politiquement je ne reproduis pas l'idéologie hétérosexiste en refusant la maternité comme accomplissement naturel chez la femme.»

«Je crois sincèrement que si toutes les femmes décidaient de ne plus avoir d'enfant ce serait le plus grand moyen de pression jamais vu dans l'histoire pour défaire le patriarcat. Je ne veux pas servir de génitrice à ces messieurs.»

Pour certaines femmes, donc, la décision de ne pas avoir d'enfant est bien plus qu'une question d'ordre privée relevant des conditions de vie personnelle présentes ou passées; elles associent leur choix de non-maternité à la fois au contexte et au système socio-politique actuel ainsi qu'à la situation réservée à l'ensemble des femmes.

EN RÉSUMÉ

Les principaux motifs invoqués par les répondantes pour rendre compte de leur décision sont: «J'ai plus de liberté sans enfant», «Je n'ai pas le goût d'être mère», «Je peux m'impliquer plus dans ma carrière, mon travail ou mes études» et «Élever un enfant implique trop de responsabilités». Dans l'ensemble, les femmes soulignent ces raisons avec la même fréquence, peu importe leur état civil, leur âge et leur orientation socio-sexuelle. Toutefois, le désintérêt pour le rôle de mère est davantage évoqué par les jeunes femmes.

Les femmes ayant pris une décision définitive se distinguent des répondantes encore ambivalentes face à la non-maternité: ces dernières s'inquiètent surtout des effets de la maternité sur leur carrière, tandis que les autres mentionnent la surpopulation, leur désintérêt pour la maternité et les enfants, ainsi que leur peur de ne pas être une bonne mère.

Quant aux non-mères qui réévalueraient leur choix si leurs conditions de vie changeaient, elles parlent de leurs conditions économiques, de l'instabilité ou l'insatisfaction de leur relation amoureuse ainsi que de la volonté de ne pas élever un enfant sans aide. Par contre, celles qui ne remettent pas en cause leur décision, invoquent leur style de vie, leur besoin de liberté, leur désintérêt pour la maternité et les enfants, ainsi que la peur d'être une mère inadéquate.

De toute évidence, pour certaines femmes encore indécises ou prêtes à reconsidérer leur décision, la double journée de travail assumée par les mères en emploi, la précarité des relations conjugales ainsi que l'insuffisance de revenus sont des facteurs qui conduisent les femmes à y regarder à deux fois, avant de décider d'avoir un enfant.

Globalement, la décision de ne pas avoir d'enfant relève à la fois du *refus* d'être mère et du *désir* de se définir autrement. Le refus réfère à la perception des limites associées à la maternité: le poids des tâches et des responsabilités, ainsi que ses effets sur le travail, la situation financière, la relation amoureuse et le style de vie. Il s'agit donc d'un point de vue critique sur les modalités de la maternité dans notre société. Le désir de se définir autrement renvoie, quant à lui, à la tentative de se poser différemment comme sujet «femme», et ce, tant au niveau de l'identité que de la mise en œuvre de projets personnels et professionnels.

Pour bien des femmes, la non-maternité représente un gage de liberté et d'autonomie. Elle est en ce sens, un choix effectué en réaction au «prix à payer pour être mère» dans notre société.

Cette décision implique habituellement une contestation, un rejet de la définition d'une nature féminine pleinement actualisée dans la maternité. Choisir la non-maternité, c'est transgresser en quel que sorte, l'interdit qui est fait à l'ensemble des femmes et à chacune d'entre elles, de se soustraire à la reproduction et d'oser s'imaginer autrement que comme épouse-mère-ménagère.

CONCLUSION

La lecture de ces nombreux témoignages nous porte à croire qu'il y a presque autant de raisons de ne pas faire d'enfant qu'il y en a d'en faire! En dépit de cela, tandis que le désir d'enfant est encensé et encouragé dans la société, les femmes n'exprimant pas ce même désir sont bien souvent sommées de se répandre en explication, en justification: il y aurait quelque chose d'«anormal» à ne pas vouloir d'enfant, quelque chose de pathologique, voire scandaleux. Pourtant, nos répondantes ont fait preuve d'une grande sérénité dans leur témoignages.

Refaisons ensemble le trajet de ces femmes, en rappelant tout d'abord leur profil socio-démographique.

Le profil des femmes sans enfant volontairement

Les femmes qui ont répondu à notre appel sont pour la plupart âgées de 26 à 40 ans, elles se situent donc encore dans leur période de fertilité biologique, 35 % du total des femmes ayant toutefois été stérilisées. Cinquante-cinq pour cent de nos répondantes sont célibataires, séparées, divorcées ou veuves, alors que 45 % vivent en couple. Par ailleurs, 14 % de cet échantillon sont lesbiennes.

Plus de la moitié des répondantes proviennent de familles de cinq enfants et plus, et un bon nombre d'entre elles sont des aînées et des cadettes de large fratrie, ce qui tend à indiquer que la taille et le rang dans la famille d'origine ont pu être des facteurs prédisposant à une décision de non-maternité.

Dans l'ensemble, ces femmes sont très scolarisées et occupent un emploi à temps plein, surtout dans les secteurs du travail administratif, de la santé, des sciences sociales ou de l'enseignement. Leur revenu moyen est supérieur à celui des Québécoises sur le marché du travail.

Leur profil indique donc que certaines conditions permettent plus facilement aux femmes de choisir et de maintenir leur intention de non-maternité.

Ainsi, les femmes hétérosexuelles sexuellement actives peuvent non seulement programmer leur maternité, mais aussi actualiser leur choix de non-maternité avec, entre autres, l'utilisation de moyens contraceptifs sûrs, l'accès à l'avortement s'il y a lieu et la stérilisation.

En outre, le report de quelques années de l'intention de maternité, nécessaire à la prolongation de la scolarisation, introduit la possibilité qu'en bout de ligne, les femmes aient peu ou pas d'enfant. Ainsi, les études supérieures et l'intégration au marché du travail contribuent à diversifier leurs champs d'intérêts et offrent aux femmes l'opportunité de rencontrer d'autres modèles de vie auxquels elles peuvent s'identifier; également, la volonté d'acquérir et de maintenir une autonomie financière, les exigences associées à la poursuite d'un cheminement professionnel ainsi que l'inadéquation du marché du travail face aux charges familiales, conduisent plusieurs femmes à y penser à deux fois avant de joindre le rang des super-femmes.

L'autonomie financière permet aux femmes d'échapper non seulement à la dépendance économique envers un conjoint, mais les rend plus libres aussi de choisir d'être ou non en relation avec un homme, tout en facilitant la négociation des modalités de ce rapport: cohabitation ou non, mariage ou union consensuelle. Le fait d'occuper un emploi offre aussi une forme de gratification personnelle et de nombreux avantages susceptibles de mener à la non-maternité.

Enfin, la presque totalité de nos répondantes se disent féministes à un degré ou à un autre, et seulement une sur six a une certaine pratique religieuse. Bien que le mouvement féministe ait peu parlé du choix de la non-maternité, la dénonciation de la «maternité-destin» et des conditions de maternage ont, de toute évidence, influencé les femmes dans leur décision d'avoir ou non des enfants. Ajoutons à cela, toutes les transformations sociales et culturelles amorcées depuis les années 60, changements qui ont favorisé l'émergence d'un questionnement, à tout le moins individuel, sur l'inévitabilité de la maternité.

Comment s'est prise leur décision

Soixante-dix pour cent des femmes de l'échantillon ont songé à ne pas devenir mère avant l'âge de 25 ans, et 75 % d'entre elles ont pris une décision autour de la trentaine.

Si 10 % des répondantes n'ont jamais pensé à avoir un enfant, la majorité des non-mères, comme la plupart des femmes, croyaient bien qu'un jour elles en auraient. C'est en s'interrogeant sur leur désir ou leur manque de désir d'enfant à l'adolescence ou à l'âge adulte qu'elles se sont aperçues qu'en réalité, elles n'en souhaitaient pas vraiment. Elles prenaient progressivement leur distance à l'égard de l'intériorisation de la norme de la maternité. D'autres auraient aimé enfanter, mais leurs trajectoires amoureuses ou professionnelles ont fait en sorte que cette possibilité est devenue difficilement concrétisable.

La période de réflexion dure en moyenne cinq ans. Seulement une répondante sur cinq a pris sa décision à la suite d'une remise à plus tard de la maternité. Six répondantes sur dix ont eu certaines hésitations avant d'arriver à une décision finale, si bien qu'elles ont attendu souvent d'avoir complété leur processus de décision avant d'en parler. Elles sont ainsi plus aptes à faire face aux réactions de l'entourage.

En ce qui a trait à la manière dont ces femmes ont fait leur choix, neuf sur dix l'ont prise seules, et la moitié avant le début d'une relation amoureuse significative.

Les attentes sociales globales vis-à-vis des femmes ainsi que les incitations, voire les pressions plus ponctuelles à la maternité, font en sorte qu'il est souvent difficile pour les femmes de questionner ouvertement leur «désir» d'enfant. Aussi, les femmes encore ambivalentes face à la maternité ou celles qui ne désirent pas d'enfant, choisissent-elles soigneusement avec qui, quand et comment elles aborderont le sujet.

Les proches sont rarement indifférents face à une telle décision et des tensions peuvent rapidement naître au sein du couple, de la famille élargie ou de la belle-famille. Les personnes significatives de leur entourage ne tardent pas à émettre des commentaires ou des remarques parfois désobligeantes. Et même si on n'ose pas toujours leur reprocher directement leur décision, on les interroge sur leurs motifs. De sorte que les non-mères volontaires se retrouvent souvent obligées de se justifier, alors qu'au contraire, les femmes qui veulent des enfants n'ont pas à s'expliquer de long en large.

Dans l'ensemble, ces femmes sont à l'aise avec leur décision et perçoivent peu de désavantages à ne pas avoir d'enfant. Si près des trois quarts des répondantes affirment que cette décision est définitive, 30 % pourraient la réévaluer si les conditions de vie tant individuelles que collectives changeaient: modification de leur situation personnelle, conjugale et économique, amélioration des services offerts aux mères et aux parents, réorganisation du marché du travail et enfin, redistribution équitable des tâches associées à la reproduction dans notre société.

Les raisons invoquées à l'appui de leur décision

Le désir de non-maternité est en partie amené par les expériences vécues dans la famille, la présence de projets personnels ou professionnels, la nature de la relation amoureuse, la situation économique personnelle, et plus largement, par les conditions de vie dévolues aux femmes et aux mères dans notre société. La décision de ne pas être mère acquiert souvent une dimension politique lorsqu'elle se lie, plus globalement, au rejet des définitions normatives de la «féminité» (sous la forme d'une prise de conscience et d'une critique de la sur-valorisation de l'expérience de la maternité comme expérience de maturation pour les femmes), à une critique de l'organisation de la reproduction dans notre société et des conditions d'exercices de la maternité et de ses effets concrets sur la vie des femmes.

Mais tout en reconnaissant que des motivations inconscientes liées au vécu familial ou que des raisons plus sociales aient pu et puissent guider le choix de ces femmes, on peut aisément constater que plusieurs ont tout simplement opté pour un style de vie où elles peuvent s'inventer autrement et ainsi préserver une autonomie chèrement gagnée: c'est la dimension toute positive de la non-maternité. Si la maternité peut contribuer à l'épanouissement des femmes, les non-mères reconnaissent et sont la preuve vivante qu'il y a d'autres types d'expériences tout aussi enrichissantes. Leurs trajectoires peuvent prendre la forme d'un plus grand investissement dans les études, le travail, la communauté, et s'accompagnent d'une plus grande disponibilité de temps pour soi, pour les loisirs, les ami-e-s, les amours, etc.

Ça dérange, bien sûr. Malgré le fait, qu'on assiste, depuis les années 60 à l'élargissement du rôle des femmes, on attend encore généralement d'elles qu'elles assument les tâches domestiques et maternelles. En effet, les bien-pensants s'empressent d'étiqueter ces femmes d'ambitieuses, de carriéristes, faisant valoir, du même souffle, que leur participation à la vie publique va à l'encontre de leurs talents et qualités «naturels», à savoir l'esprit de sacrifice, l'oubli de soi et le dévouement.

Il faut bien admettre que les critères d'évaluation des comportements féminins et masculins ne sont toujours pas les mêmes et que la «règle» de deux poids deux mesures a la vie longue. Ainsi, une femme qui délaissera sa famille ou ne désirera pas assumer de fonction maternelle, sera fréquemment jugée irresponsable, immature et égoïste, tandis qu'un homme qui aura la même attitude souffrira rarement de commentaires désapprobateurs ou de pression de la part de son entourage.

Le fait que la reproduction biologique passe nécessairement par les femmes, se traduit depuis longtemps par une division sexuelle des rôles et par l'application d'un double standard: les femmes sont encore largement définies comme des reproductrices et les hommes comme des pourvoyeurs. Alors qu'en réalité, ce qui distingue fondamentalement les hommes des femmes, sur ce plan, c'est la possibilité pour ces dernières de porter les enfants, un processus qui prend somme toute 9 mois. Tout le travail de maternage devrait, quant à lui, pouvoir être partagé équitablement entre l'un et l'autre sexe.

Le discours actuel sur la dénatalité et la démographie (mis à part le discours des féministes), ne résiste guère à la tentation de remettre au goût du jour cette vision archaïque du rôle des femmes. En 100 ans, on est passé d'un discours national-religieux, pressant les femmes d'avoir des enfants pour peupler le Québec de francophones catholiques, à un discours nationaliste basé sur la peur de disparaître. Cette fois, on doit éviter que le Québec ne perde son poids politique au sein du Canada, que les Québécois francophones de souche se retrouvent minoritaires chez eux et on doit aussi inverser le processus de vieillissement de la population. La différence fondamentale entre ces deux discours, c'est le nombre d'enfants à produire. Il n'est certes plus question, comme autrefois, de discourir sur la «sainteté» des grosses familles. Le discours nataliste insiste aujourd'hui sur la nécessité d'assurer le renouvellement des générations et, pour ce faire, crée un système d'incitations économiques pour en arriver, entre autres, à ce que toutes les Québécoises aient au moins un enfant.

Qu'importe les nuances et le raffinement du discours officiel, on est toujours en présence d'un discours moralisateur biaisé. Déjà coupables de ne pas faire assez d'enfants ou de ne pas s'en occuper à plein temps ou encore de mal les élever, c'est maintenant au tour de celles qui n'en désirent pas d'entrer dans la ronde de la culpabilisation. Bien qu'il soit aujourd'hui plus facile pour les femmes de se soustraire à la maternité, la non-maternité est toujours considérée comme illégitime, et il n'est pas rare qu'on essaie de faire porter à ces femmes la responsabilité de la dénatalité.

Femmes et féministes sont parfois pointées du doigt parce que leurs revendications à l'égalité et à l'autonomie et leur désir de contrôler leur corps perturberaient, d'après certains, la bonne marche de l'ordre social. Pourtant, là n'est pas le problème. D'une part, il est parfaitement normal et moral qu'une femme désire se réaliser ailleurs que dans la maternité. D'autre part, comment se fait-il qu'on s'entête à ne pas évoquer ou à minimiser les effets de la maternité sur la vie des femmes ainsi que la non-implication des hommes et des pères dans l'éducation des enfants et dans le partage du travail domestique? Pourquoi reste-t-on encore aussi sourd aux demandes répétées de mise sur pied et d'amélioration de services collectifs destinés aux mères et aux parents, ainsi qu'à la réorganisation du marché du travail? On préfère jouer à l'autruche et croire que le problème est purement économique ou relié à l'égoïsme des femmes et des couples.

Dans ces conditions, il m'apparaît urgent d'aborder publiquement le droit de choisir librement la maternité. Pour qu'il y ait une réelle liberté procréative, il ne faut pas seulement donner aux femmes et aux couples les moyens d'avoir le nombre d'enfants souhaités, il est nécessaire que soit aussi considérée comme naturelle l'absence de désir d'enfant.

Il est plus que temps d'en finir avec l'argument d'une «nature féminine» vouée à la maternité. Des changements d'attitudes et de valeurs s'imposent afin que les femmes puissent se définir autrement que comme mères, sans qu'elles soient stigmatisées ou aient à souffrir d'un blâme social. De même, les femmes-mères doivent pouvoir participer pleinement à la vie publique sans que cela n'implique pour elles une double ou une triple journée de travail. Et, enfin, les hommes doivent pouvoir entrer dans la cuisine et les chambres d'enfants sans être perçus comme des lavettes ou des héros.

Les femmes doivent s'émanciper des contraintes idéologiques non fondées, afin de s'assurer que la société toute entière reconnaisse en pratique, et non plus seulement en principe, leur droit à l'auto-détermination.

ANNEXE

QUESTIONNAIRE SUR LA NON-MATERNITÉ VOLONTAIRE

1- Quel est votre âge?

1. 15 à 20 ans
2. 21 à 25 ans
3. 26 à 30 ans
4. 31 à 35 ans
5. 36 à 40 ans

6. 41 à 45 ans
7. 46 à 50 ans
8. 51 à 55 ans
9. 56 à 60 ans
10. 61 ans et plus

2- Quel est votre état civil?

1. Célibataire
2. Mariée
3. Divorcée
4. Séparée

5. Veuve
6. Union de fait hétérosexuelle
7. Union de fait homosexuelle
8. Religieuse

3- Si vous étiez mariée, combien d'années a duré votre premier mariage?

_____

4- Si vous êtes mariée ou que vous vivez en union de fait, depuis combien d'années dure cette union?

_____

5- Quel est votre métier, profession ou domaine d'étude (si vous êtes étudiante)?

_____

6- Travaillez-vous présentement?

1. Temps plein
2. Temps partiel
3. Chômage
4. Assistance sociale

5. Retirée
6. Étudiante
7. Ménagère ou femme au foyer
8. Autre, précisez:

_____

7- Quel est votre niveau d'étude?

1. Élémentaire
2. Secondaire
3. Cegep ou équivalent
4. Certificat

5. Baccalauréat
6. Maîtrise
7. Doctorat
8. Autre, précisez:

_____

8- Quel est votre lieu de naissance, dans quelle région?

_____

9- Quel est votre lieu de résidence actuellement, dans quelle région?

_____

10- Quel est votre revenu annuel approximatif?

1. Moins de 5 000 $
2. 5 000 $ à 10 000 $
3. 10 001 $ à 15 000 $
4. 15 001 $ à 20 000 $
5. 20 001 $ à 25 000 $

6. 25 001 $ à 30 000 $
7. 30 001 $ à 35 000 $
8. 35 001 $ à 40 000 $
9. 40 001 $ à 45 000 $
10. Plus de 45 001 $

11- Quelle était votre religion à la naissance?

1. Catholique
2. Protestante

3. Juive
4. Autre, précisez:

12- Avez-vous une pratique religieuse actuellement?

1. Oui

2. Non

13- Si oui, quelle est votre pratique religieuse actuelle?

1. Catholique
2. Protestante

3. Juive
4. Autre, précisez:

_____

14- Quelle est le nombre d'enfants dans votre famille d'origine, y compris vous?

1. 1 enfant
2. 2 enfants
3. 3 enfants
4. 4 enfants
5. 5 enfants

6. 6 enfants
7. 7 enfants
8. 8 enfants
9. 9 enfants
10. Autre, précisez:

_____

15- Quel est votre rang dans la famille?

1. Fille unique
2. Aînée
3. Cadette

4. _____ème de la famille
5. Autre, précisez:

_____

16- Quelle est votre orientation sexuelle?

1. Hétérosexuelle
2. Homosexuelle

3. Bisexuelle

17- Utilisez-vous une méthode contraceptive actuellement?

1. Oui
2. Non

3. Stérilisée
4. Autre, précisez:

_____

18- Si oui, quelle est votre méthode contraceptive actuelle?

1. Pilule
2. Stérilet
3. Diaphragme
4. Cape cervicale

5. Condom
6. Gelée ou mousse contraceptive
7. Autre, précisez:

19- L'avortement est-il un choix acceptable pour vous, si vous aviez une grossesse non désirée?

1. Oui 2. Non

20- Avez-vous déjà eu un avortement volontaire?

1. Oui 2. Non

21- Quel âge aviez-vous lorsque vous avez pensé pour la première fois à ne pas avoir d'enfant?

_____

22- Avez-vous pris une décision ferme de ne pas avoir d'enfant?

1. Oui 3. J'y pense très sérieusement
2. Non

23- Si oui, quel âge aviez-vous lorsque vous avez décidé de ne pas avoir d'enfant?

_____

24- Est-ce que c'est une décision que vous avez prise suite à une série de remises à plus tard de la maternité?

1. Oui 2. Non

25- Est-ce que c'est une décision que vous avez prise:

1. Seule
2. Négociée avec un-e conjoint-e
3. Autre, précisez: _____

26- Si vous êtes ou étiez mariée ou si vous vivez en union de fait, avez-vous pris votre décision:

1. Avant votre union de fait ou mariage
2. Pendant votre union de fait ou mariage
3. Après la séparation, divorce ou veuvage
4. Autre, précisez: _____

27- Si vous avez pris votre décision pendant votre mariage ou union de fait, croyez-vous que le genre d'arrangement ménager que vous aviez a influencé votre décision de ne pas avoir d'enfant?

1. Oui, un peu 3. Oui, beaucoup
2. Oui, modérément 4. Non, pas du tout

28- Avez-vous eu des hésitations lors de votre processus de prise de décision?

1. Oui, un peu 3. Oui, beaucoup
2. Oui, modérément 4. Non, pas du tout

29- Si oui, quelles sont les hésitations que vous avez vécues? (Voici une liste d'énoncés, pouvez-vous identifier ceux qui sont vrais pour vous).

1. Pas du tout
2. Un peu vrai

3. Modérément vrai
4. Très vrai
5. Ne s'applique pas

	1	2	3	4	5
1. J'avais peur de ne pas être une vraie femme	☐	☐	☐	☐	☐
2. J'avais peur de le regretter plus tard	☐	☐	☐	☐	☐
3. J'avais peur d'être égoïste	☐	☐	☐	☐	☐
4. J'avais peur de me retrouver seule lors de ma vieillesse	☐	☐	☐	☐	☐
5. J'avais peur de décevoir mes parents	☐	☐	☐	☐	☐
6. J'avais peur de décevoir mon-ma conjoint-e	☐	☐	☐	☐	☐
7. J'avais peur d'être immature	☐	☐	☐	☐	☐
8. J'avais peur de perdre mon-ma conjoint-e	☐	☐	☐	☐	☐

30- Est-ce que le choix de réponses proposées vous permet de répondre adéquatement à la question?

1. Oui   2. Non

31- Si non, complétez ou répondez à la question dans vos propres termes. (Utilisez l'endos du questionnaire si nécessaire).

_____
_____
_____
_____
_____

32- Est-ce que ces personnes sont au courant de votre décision?

	Oui	Non	Oui (quel-ques-uns)	Ne s'appli-que pas
1. Conjoint-e	—	—	—	—
2. Père	—	—	—	—
3. Mère	—	—	—	—
4. Frère-s	—	—	—	—
5. Soeur-s	—	—	—	—
6. Beau-père	—	—	—	—
7. Belle-mère	—	—	—	—
8. Beau-x-frère-s	—	—	—	—
9. Belle-s-soeur-s	—	—	—	—
10. Ami-s-es	—	—	—	—
11. Collègue-s de travail	—	—	—	—
12. Patron-s	—	—	—	—
13. Médecin-s	—	—	—	—

33- Avez-vous perçu des pressions à avoir un enfant par ces personnes?

		Oui	Non	Oui (quel-ques-uns)	Ne s'appli-que pas
1.	Conjoint-e	—	—	—	—
2.	Père	—	—	—	—
3.	Mère	—	—	—	—
4.	Frère-s	—	—	—	—
5.	Soeur-s	—	—	—	—
6.	Beau-père	—	—	—	—
7.	Belle-mère	—	—	—	—
8.	Beau-x-frère-s	—	—	—	—
9.	Belle-s-soeur-s	—	—	—	—
10.	Ami-s-es	—	—	—	—
11.	Collègue-s de travail	—	—	—	—
12.	Patron-s	—	—	—	—
13.	Médecin-s	—	—	—	—

34- Si vous n'êtes pas mariée, avez-vous perçu des pressions à vous marier?

1. Oui, à une certaine époque mais plus maintenant
2. Oui et encore maintenant
3. Non

35- Quels sont les arguments évoqués pour vous convaincre d'avoir un enfant. (Voici une liste d'énoncés, pouvez-vous identifier ceux qui vous concernent).

1. Jamais   3. Souvent
2. Rarement   4. Très souvent

		1	2	3	4
1.	Tu seras seule lors de ta vieillesse	☐	☐	☐	☐
2.	Tu ne seras jamais une vraie femme	☐	☐	☐	☐
3.	Tu es égoïste	☐	☐	☐	☐
4.	Tu es immature	☐	☐	☐	☐
5.	Tu manques une belle expérience	☐	☐	☐	☐
6.	Ta lignée va s'éteindre	☐	☐	☐	☐

36- Est-ce que le choix de réponses proposées vous permet de répondre adéquatement à la question?

1. Oui   2. Non

37- Si non, complétez ou répondez à la question dans vos propres termes. (Utilisez l'endos du questionnaire si nécessaire).

_____
_____
_____
_____

38- Quelles sont les raisons impliquées dans votre décision? (Voici une liste d'énoncés, pouvez-vous identifier ceux qui sont vrais pour vous).

1. Pas du tout
2. Un peu vrai
3. Modérément vrai
4. Très vrai
5. Ne s'applique pas

		1	2	3	4	5
1.	Je n'aime pas les enfants	☐	☐	☐	☐	☐
2.	Je pense que je ne ferais pas une bonne mère	☐	☐	☐	☐	☐
3.	J'ai toujours remis ma décision à plus tard et il est maintenant biologiquement trop tard	☐	☐	☐	☐	☐
4.	Élever un enfant coûte cher	☐	☐	☐	☐	☐
5.	Ma situation financière ne me le permet pas	☐	☐	☐	☐	☐
6.	Élever un enfant implique trop de responsabilité	☐	☐	☐	☐	☐
7.	Ma relation amoureuse actuelle est trop instable	☐	☐	☐	☐	☐
8.	Je ne veux pas élever un enfant seule	☐	☐	☐	☐	☐
9.	Avoir un enfant va affecter le cours de ma carrière	☐	☐	☐	☐	☐
10.	Je n'ai pas le goût d'être mère	☐	☐	☐	☐	☐
11.	J'ai peur de la grossesse et de l'accouchement	☐	☐	☐	☐	☐
12.	Les perspectives de surpopulation m'inquiètent	☐	☐	☐	☐	☐
13.	Le climat politique m'inquiète (guerre)	☐	☐	☐	☐	☐
14.	J'ai un style de vie qui ne me permet pas d'avoir un enfant	☐	☐	☐	☐	☐
15.	J'ai plus de liberté sans enfant	☐	☐	☐	☐	☐
16.	J'ai plus de temps avec mes ami-s-es	☐	☐	☐	☐	☐
17.	Je veux voyager plus souvent	☐	☐	☐	☐	☐
18.	Je peux m'impliquer plus dans ma communauté	☐	☐	☐	☐	☐
19.	Je peux m'impliquer plus dans ma carrière - mon travail - mes études	☐	☐	☐	☐	☐
20.	Je pense que mon-ma conjoint-e ne ferait pas un bon parent	☐	☐	☐	☐	☐
21.	Mon-ma conjoint-e n'aime pas les enfants	☐	☐	☐	☐	☐
22.	Mon-ma conjoint-e ne veut pas d'enfant	☐	☐	☐	☐	☐
23.	J'ai plus d'intimité et de temps avec mon-ma conjoint-e	☐	☐	☐	☐	☐

39- Est-ce que le choix de réponses proposées vous permet de répondre adéquatement à la question?

1. Oui
2. Non

40- Si non, complétez ou répondez à la question dans vos propres termes. (Utilisez l'endos du questionnaire si nécessaire).

_____

41- Vous sentez-vous confortable dans votre décision?

1. Très confortable
2. Confortable
3. Inconfortable
4. Très inconfortable

42- Voyez-vous l'adoption comme une alternative faisable pour vous, si jamais vous désirez un enfant et qu'il est biologiquement trop tard?

1. Oui
2. Non
3. Je n'y ai jamais pensé
4. Autre, précisez:

_____
_____
_____

43- Voyez-vous des avantages liés à votre style de vie sans enfant?

1. Oui
2. Non

44- Si oui, quels sont ces avantages? (Voici une liste d'énoncés, pouvez-vous identifier ceux qui sont vrais pour vous).

1. Pas du tout
2. Un peu vrai
3. Modérément vrai
4. Très vrai
5. Ne s'applique pas

	1	2	3	4	5
1. J'ai une plus grande liberté personnelle	☐	☐	☐	☐	☐
2. J'ai plus de temps à consacrer à ma carrière- mon travail - mes études	☐	☐	☐	☐	☐
3. J'ai plus de temps à consacrer à mon-ma conjoint-e	☐	☐	☐	☐	☐
4. J'ai plus de temps à consacrer à mes ami-s-es	☐	☐	☐	☐	☐
5. J'ai plus de temps pour voyager	☐	☐	☐	☐	☐
6. J'ai plus de temps pour mon-mes passe-temps favori-s	☐	☐	☐	☐	☐
7. J'ai une plus grande liberté financière	☐	☐	☐	☐	☐
8. J'ai moins de responsabilité	☐	☐	☐	☐	☐

45- Est-ce que le choix de réponses proposées vous permet de répondre adéquatement à la question?

1. Oui
2. Non

46- Si non, complétez ou répondez à la question dans vos propres termes. (Utilisez l'endos du questionnaire si nécessaire).

_____
_____
_____

47- Voyez-vous des désavantages liés à votre style de vie sans enfant?

1. Oui
2. Non

48- Si oui, quels sont ces désavantages? (Voici une liste d'énoncés, pouvez-vous identifier ceux qui sont vrais pour vous).

1. Pas du tout
2. Un peu vrai

3. Modérément vrai
4. Très vrai

		1	2	3	4
1.	Solitude lors de ma vieillesse	☐	☐	☐	☐
2.	Il n'y aura pas de continuité dans ma lignée	☐	☐	☐	☐
3.	Je manque de contact avec les enfants	☐	☐	☐	☐
4.	Je n'aurai pas la satisfaction d'avoir élevé mes propres enfants	☐	☐	☐	☐

49- Est-ce que le choix de réponses proposées vous permet de répondre adéquatement à la question?

1. Oui   2. Non

50- Si non, complétez ou répondez à la question dans vos propres termes. (Utilisez l'endos du questionnaire si nécessaire).

_____
_____
_____
_____
_____

51- Etes-vous en accord avec les énoncés suivants:

1. Pas du tout
2. Un peu

3. Modérément
4. Très en accord

		1	2	3	4
1.	Les responsabilités parentales reposent principalement sur les épaules de la femme	☐	☐	☐	☐
2.	Avoir un enfant implique une double journée de travail pour la mère qui travaille à l'extérieur du foyer	☐	☐	☐	☐
3.	La mère peut moins investir dans son travail – sa carrière – ses études – que le père	☐	☐	☐	☐
4.	Les horaires et les conditions de travail ne sont pas aménagés pour faciliter l'éducation des enfants	☐	☐	☐	☐
5.	L'éducation maternelle et non l'absence d'éducation paternelle est mise en question lorsque l'enfant a des difficultés comportementales	☐	☐	☐	☐

	1	2	3	4
1. Pas du tout				
2. Un peu				
3. Modérément				
4. Très en accord				

	1	2	3	4
6. Les différences salariales existantes désavantagent financièrement les femmes	☐	☐	☐	☐
7. Le "métier" de mère n'est pas reconnu socialement à sa juste valeur	☐	☐	☐	☐
8- C'est à la femme seulement de décider du nombre et de la fréquence de sa-ses maternité-s	☐	☐	☐	☐
9- Le choix de la maternité et de la non-maternité devrait être présenté et valorisé équitablement	☐	☐	☐	☐

52- Quelles sont, selon vous, les conditions idéales pour élever un enfant? (Utilisez l'endos du questionnaire si nécessaire).

_____
_____
_____
_____

53- Si ces conditions étaient présentes dans votre vie, est-ce que votre décision de ne pas avoir d'enfant pourrait être remise en question?

1. Oui
2. Non
3. Il est biologiquement trop tard
4. L'adoption pourrait être une solution

54- Etes-vous féministe? (Après avoir lu les définitions suivantes, pouvez-vous vous situer sur un continuum de 0 à 5).

Pas du tout	Un peu	Modérée	Radicale modérée	Radicale
1	2	3	4	5

Féministe: Une femme est féministe si elle préconise par ses actes personnels et/ou politiques l'extension des droits de la femme.

Modérée: Une femme est une féministe modérée lorsqu'elle préconise que l'obtention des droits égaux pour les femmes doit se faire avec la collaboration des hommes. Quitte à ralentir le processus d'obtention de l'égalité si ces derniers ne sont pas encore prêts à faire les changements nécessaires.

Radicale: Une femme est une féministe radicale lorsqu'elle préconise que l'obtention des droits égaux pour les femmes doit se faire par la transformation complète et radicale des rapports entre les sexes: économiques, politiques, sociaux, amoureux, personnels, etc. Elle n'est pas prête à attendre la bonne volonté de ces derniers. Elle a tendance à provoquer les changements rendus nécessaires.

55- Comment avez-vous pris connaissance de cette étude?

1. J'ai lu l'annonce dans la revue (nom de la revue)
   _____

2. J'ai lu l'annonce dans le journal (nom du journal)
   _____

3. Un-e ami-e m'a parlé de l'étude   _____

4. Autre, précisez:

   _____
   _____
   _____

56- Voulez-vous compléter ce questionnaire par une entrevue?

1. Oui   2. Non

57- Si oui, laissez vos coordonnées:

Nom: _____
Adresse: _____
No de téléphone   _____

58- Si vous avez des commentaires par rapport à ce questionnaire ou par rapport à votre vécu de la non-maternité volontaire, vous êtes la bienvenue. (Utilisez l'endos du questionnaire si nécessaire).

_____
_____
_____
_____
_____
_____
_____
_____

BIBLIOGRAPHIE

Aubert, L. (1987), *La non-maternité: Réalité et vécu sociologique*, Mémoire de maîtrise présenté au département de sociologie de l'Université du Québec à Montréal.

Baum, F.E. (1983), The future of volontary childlessness in Australia, *Australian Journal of Sex, Marriage & Family*, *4* (1), pp. 23-31.

Baum, F.E., and D.R. Cope, (1980), Some characteristics of intentionnaly childless wives in Britain, *Journal of Biosocial Sciences*, *12*, pp. 287-299.

Bélisle, D., et Y. Pinard, (1985), De l'ouvrage des femmes québécoises, dans L. Vandelac (sous la direction de), *Du travail et de l'amour: Les dessous de la production domestique*, Montréal: Éditions Saint-Martin, pp. 99-133.

Bell, A.P., and M.S. Weinberg, (1980), *Homosexualités*, Paris: Albin Michel.

Bernier, C. (1987), « Québec, terre d'infécondité... », *La Presse*, pp. B 5-6.

Biaggio, M.K., Mohan, P.J., and C. Baldwin, (1985), Relationship among attitudes toward children, women's liberation, and personality characteristics, *Sex Roles, 12* (1-2), pp. 47-62.

Blake, J. (1979), Is Zero prefered? American attitudes toward childlessness in the 1970's, *Journal of Marriage and the Family*, *41* (2), pp. 245-257.

Bram, S. (1975), To have or have not: A social psychological study of voluntarily childless couples, parents-to-be, and parents (Doctoral dissertation, The University of Michigan, 1974), *Dissertation Abstracts International, 35* (8), 4250-b.

Bram, S. (1978), Through the looking glass: Volyntary childlessness as a mirror of contemporary changes in the meaning of parenthood. In W.B. Miller, & L.F. Newman (Eds.), *The First Child and Family Formation*, Chapel Hill, NC: North Caroline Population Center, pp. 368-391.

Brière, P. (1987), La pensée féministe sur la maternité, dans R. B-Dandurand (sous la direction de), *Couples et parents des années quatre-vingt*, Montréal: Institut québécois de la recherche sur la culture (IQRC), pp. 61-67.

Buxton, B. (octobre 1974), Nous avons décidé de ne pas avoir d'enfants, *Châtelaine*, pp. 43, 101.

Callan, V.J. (1982), How do Australians value children? A review and research update using the perceptions of parents and voluntarily childless adults, *The Australian & New Zeland Journal of Sociology, 18* (3), pp. 384-398.

Cambell, E. (1983), Becoming voluntarily childless: An exploratory study in a Scottish City, *Social Biology, 30* (3), pp. 307-317.

Collectif Clio (1982), *L'histoire des femmes du Québec depuis quatre siècles*, Montréal: Quinze.

Comité de la consultation sur le politique familiale, (1986), *Le soutien collectif pour les familles québécoises,* Gouvernement du Québec.

Conseil des affaires sociales, (1989), *Deux Québec dans un: rapport sur le développement social et démographique*, Montréal: Gaëtan Morin éditeur et Gouvernement du Québec.

Corbeil, C., et F. Descarries, (1989), *Femmes, féminisme et maternité: Une bibliographie sélective*, Montréal: UQAM, Centre de recherche féministe, département de service social.

Dallaire, S., Gagné, D., et J. Tondreau, (1986), La non-maternité et les pressions sociales, (Travail non publié, Université Laval).

Dana, J. (1979), ... *et nous aurions beaucoup d'enfants*, Paris: Seuil.

Dandurand-B., R. (1986), Jeunes et milieu familial, dans F. Dumont (Ed.), *Une société des jeunes?* Montréal: Institut québécois de la recherche sur la culture (IQRC), pp. 103-124.

Dandurand-B., R. (1987), Une politique familiale: enjeux et débats. *Recherches sociographiques*, vol. XXVIII, n° 2-3, pp. 349-369.

Dandurand-B., Kempeneers, M. et C. LeBourdais, (août 1989), «Un budget familial?», *La Presse*, p. B 3.

Dandurand-B., R., et L. Saint-Jean, (1986), La nouvelle monoparentalité comme révélateur des contradictions familiales, dans S. Langlois, & F. Trudel (eds.), *La morphologie sociale en mutation au Québec*, Montréal: L'Association canadienne-française pour l'avancement des sciences (ACFAS), pp. 125-139.

de Singly, F. (1982), Mariage, dot scolaire et position sociale, *D'Économie et statistique*, 142, 7-20.

de Vilaine, A.-M., Gavarini, L., et M. Le Coadic, (1987), *Maternité en mouvement: Les femmes, la reproduction et les hommes de science*, Montréal: Éditions Albert Saint-Martin.

den Bandt, M.-L. (1980), Voluntary Childlessness in the Netherlands, *Alternative Lifestyles*, *3* (3), pp. 329-349.

Descarries-Bélanger, F. (1980), *L'École rose... et les cols roses*, Montréal: Éditions coopératives Albert Saint-Martin.

Descarries-Bélanger, F., et C. Corbeil, (1987), La maternité: un défi pour les féministes, *Revue internationale d'action communautaire*, 18/58, pp. 141-152.

Descarries-Bélanger, F., et S. Roy, (1987), *Le mouvement contemporain des femmes et ses courants d'idées: Essai de typologie*, Perspectives féministes, n° 19, Ottawa: Institut canadien de recherches sur les femmes (ICREF/CRIAW).

Dionne, C. (1989), L'évolution récente de la fécondité au Québec, dans *Dénatalité des solutions: Colloque international sur les politiques familiales*, Québec: Les publications du Québec, pp. 5-17.

Duchesne, L., L'évolution récente du mariage, des ménages et des familles, dans *Dénatalité des solutions: Colloque international sur les politiques familiales*, Québec: Les publications du Québec, pp. 19-38.

Dumont, M. (1982), Vocation religieuse et condition féminine, dans M. Lavigne, & Y. Pinard (Eds.), *Travailleuses et féministes*, Montréal: Boréal Express, pp. 271-292.

Dumont, M. (1986), *Le mouvement des femmes hier et aujourd'hui*, Perspectives féministes, 5a, Ottawa: Institut canadien de recherches sur les femmes (ICREF/CRIAW).

Escomel, G. (1986), Stérilité: Jusqu'où faut-il aller pour avoir un enfant?, *La Gazette des Femmes, 8* (1), pp. 11-20.

Falardeau, L. (1988), Un Québec sans enfant, *La Presse,* cahier A, 10 septembre au 18 septembre.

Faux, M. (1984), *Childless by Choice: Choosing Childlessness in the Eighties*, New York: Anchor Press/Doubleday.

Ferretti, L. (1986), La philosophie de l'enseignement, dans M. Dumont & N. Fahmy-Eid (Eds), *Les couventines: L'éducation des filles au Québec dans les congrégations religieuses enseignantes 1840-1960*, Montréal: Boréal, pp. 143-166

Fortin, P. (1988), Les allocations pour enfants et la politique des naissances au Québec: principes directeurs et proposition concrète de réforme, *L'Action nationale*, vol. LXXVIII, n° 5, pp. 258-262.

Frenette, L. (1988), La baisse de la fécondité québécoise: quelques réflexions féministes, *L'Action Nationale*, vol. LXXVIII, n° 5, pp. 931-951.

Friedan, B. (1964), *La femme mystifiée*, Paris: Denoël-Gonthier.

Gerson, M.-J. (1984), Feminism and the wish for a child, *Sex roles, 11* (5-6), pp. 389-399.

Gouvernement du Canada (1985), *Classification canadienne des professions,* Emploi et Immigration Canada.

Gouvernement du Canada (1986), *Gains des hommes et des femmes*, Statistiques Canada, Catalogue 13-217.

Gouvernement du Canada (1989), *Moyenne annuelle de la population active*, 1981-1988, Statistiques Canada, catalogue 71-529.

Gouvernement du Québec (1985), *Répartition de la population du Québec: Répertoire des municipalités du Québec.*

Gouvernement du Québec (décembre 1987), ministère de la Main-d'œuvre et de la Sécurité du revenu.

Gouvernement du Québec (septembre 1987), *Statistiques*, Les Publications du Québec, *VII* (3).

Greenglass, E.R., and Borovilos, R. (1985), Psychological correlates of fertility plans in unmarried women, *Canadian Journal of Behavioural Sciences, 17* (2), pp. 130-139.

Grindstaff, C., Balakrishnan, T.R., and G.E. Ebanks, (1981), Socio-demographic correlates of childlessness: An analysis of the 1971 Canadian census, *Canadian Journal of Sociology, 6* (3), pp. 337-351.

Guénette, F. (novembre-décembre 1982), D'une mère à l'autre, *La vie en Rose*, pp. 25-35.

Guérin, D. (1988), Une question de survie?, *Santé Société, 10* (1), pp. 22-29.

Gustabus, S.O., and J.R. Henley, (1971), Correlates of voluntary childlessness in a select population, *Social Biology, 18* (3), pp. 277-284.

Henripin, J. (1988), Une population vieillissante et menacée d'anémie, *L'Action nationale*, vol. LXXVIII, n° 9, pp. 844-855.

Henripin, J. et Y. Martin (1988), D'aujourd'hui à 2050, *L'Action nationale*, vol. LXXVIII, n° 5, pp. 233-238.

Henripin, J. (juin 1987), «Le démographe Henripin répond à la critique» (1 et 2), *La Presse*, p. B 3.

Hite, S. (1977), *Le rapport Hite*, Paris: Robert Laffont.

Houseknecht, S.K. (1978), Voluntary childlessness: A social psychological model, *Alternative Lifestyles, 1* (3), pp. 379-402.

Houseknecht, S.K. (1982), Voluntary childlessness in the 1980's: A signifiant increase, *Marriage and Family Review, 5* (2), pp. 51-69.

Houseknecht, S.K. (1987), Voluntary childlessness, dans M.B. Sussman & S.K. Steinmetz (Eds.), *Handbook of Marriage and the Family*, New York: Plenum Press, pp. 369-395.

Kempeneers, M. (1987), Questions sur les femmes et le travail: Une lecture de la crise, *Sociologie et sociétés*, vol. XIX, n° 1, pp. 57-71.

Lacelle, N. (1988), *Madeleine Parent Léa Roback, entretiens avec Nicole Lacelle*, Montréal: Les éditions du Remue-Ménage.

Lamoureux, D. (1986), *Fragments et collages: Essai sur le féminisme des années 70*, Montréal: Les éditions du Remue-Ménage.

Lapierre-Adamcyk, E., et Y. Péron, (1983), Familles et enfants au Québec: La toile de fond démographique, *Santé mentale du Québec, vol. VIII* (2), pp. 27-42.

Lapierre-Adamcyk, E., Balakrishnan, T.R., et K.J. Krotki, (1987), La cohabitation ou substitut au mariage? Les attitudes des jeunes Québécoises, dans R. B-Dandurand (sous la direction de), *Couples et parents des années quatre-vingt* (pp. 27-46), Montréal: Institut québécois de la recherche sur la culture (IQRC).

Lapierre-Adamcyk, E., et N. Marcil-Gratton, (1987, juin). «Les vrais problèmes de la décroissance de notre population», *La Presse*, p. B 3.

Lavigne, M. (1983), Réflexions féministes autour de la fertilité des Québécoises, dans N. Fahmy-Eid & M. Dumont (Eds.), *Maîtresses de maison, maîtresses d'école*, Montréal: Boréal Express, pp. 319-338.

Le Bourdais, C. Hamel, P., et P. Bernard, (1987), Le travail et l'ouvrage: Charge et partage des tâches domestiques chez les couples québécois, *Sociologie et sociétés*, vol. XIX, n° 1, pp. 37-55.

Le Coadic, M. (1986), Maternité subversion, dans A.-M. de Vilaine, L. Gavarini, M. Le Coadic (sous la direction de), *Maternité en mouvement: Les femmes, la reproduction et les hommes de science*, Montréal: Éditions Saint-Martin, pp. 39-40.

Léger, et Léger (15 mai 1988), Sondage, Coup d'œil québécois: sur la pratique de la religion catholique, *Journal de Montréal*, p. 6.

Lévesque, A. (1989), La norme et les déviantes: *Des femmes au Québec pendant l'entre-deux-guerres*, Montréal: Les éditions du Remue-Ménage.

Lord, C. (1988), Une politique nataliste: pour ou contre? *La Gazette des femmes, 10* (4), pp. 6-12.

Marcil-Gratton, N. (1987), Le recours précoce à la ligature des trompes au Québec: des suites indésirables? *Sociologie et sociétés*, vol. XIX, n° 1, pp. 83-85.

Marcil-Gratton, N. (1988), Vingt ans de révolution contraceptive au Québec: de l'aléatoire à l'irréversible, *L'Action Nationale*, vol. LXXVIII, n° 5, pp. 248-257.

Mathews, G. (1987), Le choc démographique: pas seulement une affaire de famille, *Revue internationale d'action communautaire*, 18/58, pp. 9-15.

Messier, S. (1984), *Les femmes ça compte: Profil socio-écomique des Québécoises* (réédition de Chiffres en main), Québec: Conseil du statut de la femme/ministère des Communications.

Messier, S. (1985), *Réflexion sur les politiques de population. Incidences de la baisse de féconditié québécoise sur la situation des Québécoises*, Gouvernement du Québec: Conseil du statut de la femme, Service de la recherche.

Miller, B.C. (1987), Marriage, family and fertility, dans M.B. Sussman & S.K. Steinmetz (Eds.), *Handbook of Marriage and the Family*, New York: Plenum Press, pp. 565-595.

Mosher, W.B., and C.A. Bachrach (1982), Childlessness in the United States: Estimate from the National Survey of family growth, *Journal of Family Issues, 3* (4), pp. 517-543.

Ouellette, F.-R. (1988), L'expérience de l'infertilité féminine vécue sous assistance médicale, *Sociologie et sociétés, XX* (1), pp. 13-32.

Péron, Y., (1988), Les transformations familiales, *L'Action nationale.* vol. LXXVIII, n° 5, pp. 263-267.

Poston, D.L. Jr, and K.B. Kramer (1983), Voluntary and involuntary childlessness in the United States, 1955-1973, *Social Biology, 30* (3), pp. 290-306.

Rich, A. (1980), Compulsory Heterosexuality and Lesbian Existence, *Signs: Journal of Women in Culture and Society, 5* (4), pp. 631-660.

Rochon, M. (mai 1988), *Évolution récente de la fécondité selon le rang de naissance: Québec*, Gouvernement du Québec: Service des études socio-sanitaires, ministère de la Santé et des Services sociaux (version préliminaire).

Rochon, M. (juin 1988), *Démographie et différences*, Présentation lors du IIIe Colloque internationale de l'Association internationale des démographes de langue française (texte non définitif), Gouvernement du Québec: ministère de la Santé et des Services sociaux.

Rochon, M. (1989), *La vie reproductive d'aujourd'hui*, Gouvernement du Québec: Service des études socio-sanitaires, ministère de la Santé et des Service sociaux (version préliminaire).

Romaniuc, A. (1984), *La conjoncture démographique La fécondité au Canada: croissance et déclin*, Ottawa: Statistique Canada, ministère des Approvisionnements et Services Canada, catalogue 91-524 F.

Rowland, R. (1982), An exploratory study of childfree lifestyle, *The Australian & New Zealand Journal of Sociology, 18* (1), pp. 17-30.

Schapiro , B. (1980), Predicting the course of voluntary childlessness in the 21st century, *Journal of Clinical Child Psychology*, pp. 155-157.

Tabet, P. (1985), Fertilité naturelle, reproduction forcée, dans N.-C. Mathieu (réunis par), *L'arraisonnement des femmes: Essais en anthrophologie des sexes*, Paris: École des Hautes Études en Sciences Sociales, pp. 61-146.

Tomes, N. (1985), Childlessness in Canada 1971: A further analysis, *Canadian Journal of Sociology, 10* (1), pp. 37-68.

Valabrègue, C. (1978), *Des enfants, pourquoi? Aujourd'hui un choix*, Paris: Stock.

Vallée, E. (1981), *Pas d'enfant dit-elle*, Paris: Édition Tierce.

Vallée, E. (1986), À propos de «Pas d'enfant dit-elle», dans A.-M. de Vilaine, L. Gavarini, M. Le Coadic (sous la direction de), *Maternité en mouvement: Les femmes, la reproduction et les hommes de science*, Montréal: Éditions Saint-Martin, pp. 67-69.

Vandelac, L. (1986), L'enceinte de la maternité: sexes et sexualité, dans A.-M. de Vilaine, L. Gavarini, M. Le Coadic (sous la direction de), *Maternité en mouvement: Les femmes, la reproduction et les hommes de science*, Montréal: Éditions Saint-Martin, pp. 220-235.

Vandelac, L., Bélisle, D., Gauthier, A., et Y. Pinard (1985), *Du travail et de l'amour: les dessous de la production domestique*, Montréal: Éditions Saint-Martin.

Veevers, J.E. (1971), Rural-urban variation in the incidence of childlessness, *Rural Sociology, 36* (4), pp. 547-553.

Veevers, J.E. (1972), Factors in the incidence of childlessness in Canada: An analysis of census data, *Social Biology, 19* (3), pp. 266-274.

Veevers, J.E. (1973), Voluntarily childless wives: An exploratory study, *Sociology and Social Research, 57*, pp. 356-366.

Veevers, J.E. (1979), Voluntary childlessness: A review of issues and evidence. *Marriage and Family Review, 2*, pp. 1-26.

Veevers, J.E. (1980), *Childless by choice*, Toronto: Butter-worth & Co. Ltd.

Veevers, J.E. (1983), Voluntary childlessness: A critical assessment of the research, dans E.D. Macklin, & R.H. Rubin (Eds.), *Contemporary families and alternative lifestyles: Handbook on research and theory*, Beverly Hills, CA: Sage Publication, pp. 75-96.

Weiss-Rouanet, J. (1986), En avoir ou pas, dans A.-M. de Vilaine, L. Gavarini, M. Le Coadic (sous la direction de), *Maternité en mouvement: Les femmes, la reproduction et les hommes de science*, Montréal: Éditions Saint-Martin, pp. 163-167.

Westoff, C.F. (1978), Marriage and fertility in the developed countries, *Scientific American, 239* (6), pp. 51-57.

Wolowyna, J.E. (1977), Income and childlessness in Canada: A further examination, *Social Biology, 24* (4), pp. 326-331

LISTE DES TABLEAUX

TABLE DES MATIÈRES